D'AUTRES REINS
QUE LES MIENS

Vous aimez les documents ? Inscrivez-vous à notre newsletter
pour suivre en avant-première toutes nos actualités :
www.cherche-midi.com

Éditrice : Pom Bessot
Coordination éditoriale : Alix de Sanderval

Yvanie **Caillé**
Dr Frank **Martinez**

D'AUTRES REINS
QUE LES MIENS

Patients et médecins racontent
l'aventure de la dialyse et de la greffe

À Jacques-Édouard Carrier de Boissy

Jacques est né avec une maladie rénale qui l'a conduit à être deux fois greffé : à 5 ans avec le rein donné par sa mère, puis, dix-neuf ans plus tard, avec celui de son père. Ces dons étaient des évidences pour ses parents.

Mais la maladie a emporté Jacques, le 4 août 2011, à l'âge de 30 ans.

On retiendra avant tout l'enfant et l'homme exceptionnel et lumineux qu'il était[1].

Discret, élégant et déterminé, Jacques était aussi un artiste.

C'est au travers de ses œuvres qu'il exprimait la profondeur de ses émotions et sa rébellion. Le jaillissement artistique traduisait son impatience à vivre.

Peut-être avait-il compris que le temps allait lui manquer ?

Jacques devait avoir sa place dans ce livre. Nous avons souhaité le lui dédier.

Quelques-unes de ses peintures y sont reproduites.

À Gildas Le Mao, brutalement arraché, le 16 mai 2013, à l'âge de 46 ans, à ses proches et à ses patients.

Néphrologue passionné et généreux, il aimait profondément ses malades et consacrait beaucoup de son énergie à tenter de soulager leur détresse.

Sa très grande humanité et son engagement permanent à leurs côtés faisaient de lui un médecin rare et singulier.

Nous ne l'oublions pas.

---

1. Sa mère, Geneviève Carrier de Boissy, a écrit un livre qui lui est consacré, *J'ai rendez-vous avec vous*, édité à la Société des écrivains (2013).

Quelle puissance mise entre les mains de la médecine! Quelle confiance est celle de ces individus qui déposent leur vie entre nos mains, s'abandonnant sans réserve, assurés que tout ce qui sera pensé et fait le sera pour eux, et pour eux seuls, sans que le moindre doute les effleure! Est-il, dans la vie, un autre exemple d'un tel lien d'un homme à d'autres hommes? Aucun philosophe ou poète n'a envisagé ni rêvé pareille dépendance. La vie placée en permanence entre la confiance dépouillée du malade et le pouvoir du médecin est une situation qui n'appartient pas aux relations humaines concevables. Elle relève d'une imagination surnaturelle, nourrissant une mythologie aventureuse [...]. Qui trouvera une représentation à la mesure de cette tragédie?

Gabriel Richet, 1967
(Extrait de sa leçon inaugurale
pour la chaire de néphrologie clinique et expérimentale)

Les reins
et les maladies rénales

Les reins sont des organes vitaux, aussi indispensables à notre vie que le sont le cœur et les poumons.

Leur fonction première est d'éliminer certains déchets produits par l'organisme ou provenant de l'alimentation, notamment l'urée, résultant de la digestion des protéines ; la créatinine, qui provient des cellules musculaires ; l'acide urique et plusieurs autres toxines.

Ils équilibrent les minéraux nécessaires à l'organisme, par exemple le sodium, le potassium et le calcium qui proviennent des aliments. Leur manque ou leur excès peut être à l'origine de complications sévères... Les reins assurent leur maintien à un niveau constant, les excédants étant éliminés dans les urines.

Les reins maintiennent aussi l'équilibre hydrique de notre corps en produisant les urines, qui permettent d'éliminer la plus grande partie des liquides que nous absorbons en buvant et en mangeant.

Enfin, les reins produisent des hormones, des enzymes et des vitamines, notamment la rénine, indispensable à la régulation de la tension artérielle, l'érythropoïétine (EPO), qui permet la production des globules rouges, ou la vitamine D active, nécessaire au maintien de l'intégrité des os.

Les maladies rénales

Elles ont de nombreuses causes (génétiques, immunologiques, toxiques, mais aussi tous les facteurs de risque cardio-vasculaires). Le diabète sucré et l'hypertension artérielle sont des causes très importantes. Les maladies rénales affecteraient près de deux millions de personnes en France. L'insuffisance rénale est la conséquence la plus sévère des maladies rénales. Elle se traduit par la diminution non réversible de la fonction des reins, qui entraîne la moins bonne épura-tion des déchets venant de l'alimentation ou produits par l'organisme.

Les manifestations et complications de l'insuffisance rénale sont nombreuses : hypertension artérielle, anémie, fatigue, conséquences osseuses, augmentation de la fréquence des maladies cardio-vasculaires... Depuis quelques années, des traitements permettent de ralentir et parfois de bloquer la progression de certaines maladies rénales.

Mais, pour de trop nombreux patients, le stade de l'insuffisance rénale terminale est atteint après quelques années : le fonctionnement rénal est alors réduit à moins de 10 à 15 % de la normale. La vie est menacée et un traitement de suppléance, greffe ou dialyse, devient nécessaire.

Les traitements de l'insuffisance rénale terminale

La transplantation rénale

Elle consiste d'abord à prélever un rein chez un donneur, qui peut être une personne vivante (on vit normalement avec un seul rein) proche du receveur, ou sur un donneur décédé, dans certaines conditions bien précises. Ce rein, ou greffon, est ensuite transplanté chirurgicalement au receveur.

Quand elle est possible, une transplantation rénale réussie permet le retour à une vie presque normale.

Comparée à la dialyse, la greffe améliore à la fois la qualité et l'espérance de vie.

Cependant, la greffe n'est pas une guérison : elle nécessite un suivi médical régulier ainsi qu'un traitement immunosuppresseur, qui doit être suivi de manière très rigoureuse pour éviter le rejet du greffon et qui comporte certains effets secondaires non négligeables.

Ce n'est pas non plus un traitement miraculeux : certaines complications parfois sévères (infections et certaines formes de cancer) peuvent ponctuer son évolution.

Une greffe ne dure en général pas toute la vie : à l'heure actuelle, 50 % des greffes de donneurs vivants fonctionnent toujours au bout de vingt ans, contre treize ans pour les greffes de donneurs décédés[1].

Lorsque la greffe ne marche plus, une nouvelle transplantation peut souvent être envisagée. Si elle ne peut pas avoir lieu « à temps », le recours à la dialyse reste indispensable, en attendant ce nouveau greffon. Certains patients en sont ainsi à leur troisième, quatrième, voire exceptionnellement à leur cinquième transplantation rénale.

La dialyse

La dialyse permet de remplacer certaines fonctions des reins défaillants, notamment de débarrasser l'organisme des toxines et de l'eau en excès.

Il existe deux principales techniques de dialyse :

– la plus répandue est l'hémodialyse, qui permet de filtrer le sang par l'intermédiaire d'une machine appelée « générateur de dialyse ». Un abord vasculaire permet la circulation du sang entre le patient et la machine. Les séances durent en général quatre heures, trois fois par semaine ;

– la dialyse péritonéale utilise quant à elle les capacités de filtration du péritoine (membrane qui enveloppe l'intérieur de la cavité

---

1. Agence de la biomédecine.

abdominale et le tube digestif). On injecte un liquide de dialyse dans l'abdomen du malade puis on le soustrait après quelques heures de stagnation, par l'intermédiaire d'un cathéter placé par voie chirurgicale. Ces échanges ont lieu trois à quatre fois par jour. Ils peuvent aussi être effectués par une machine, toutes les nuits.

Depuis plus de quarante ans, la dialyse a sauvé des millions de vies dans le monde. Pour autant, elle représente un traitement lourd et contraignant. Même s'il est possible de vivre plusieurs décennies en dialyse, l'espérance de vie et la qualité de vie sont habituellement moins bonnes en dialyse qu'en transplantation rénale.

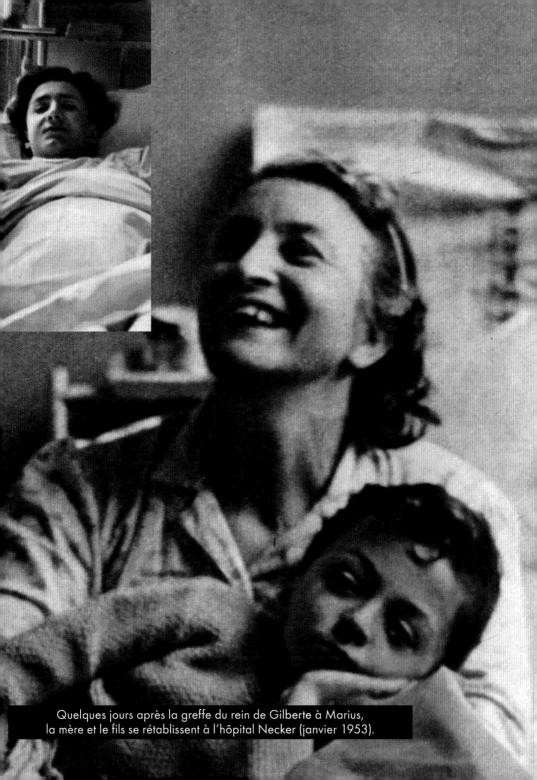

Quelques jours après la greffe du rein de Gilberte à Marius,
la mère et le fils se rétablissent à l'hôpital Necker (janvier 1953).

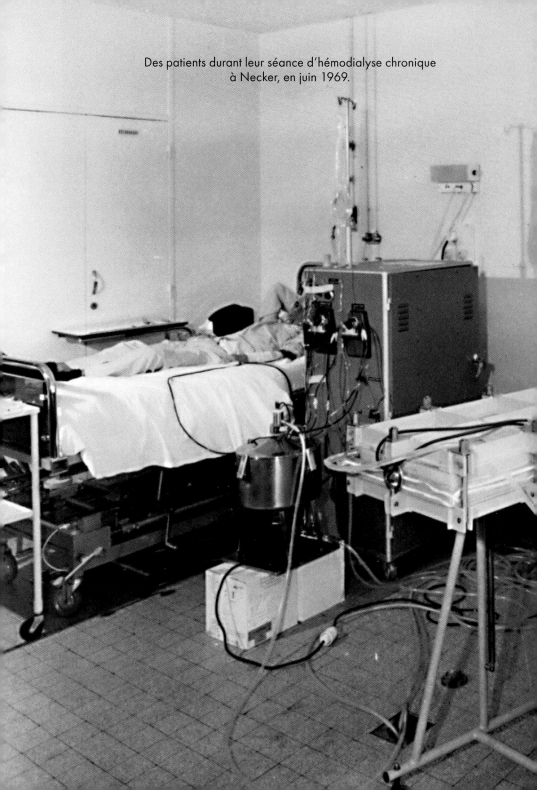

Des patients durant leur séance d'hémodialyse chronique
à Necker, en juin 1969.

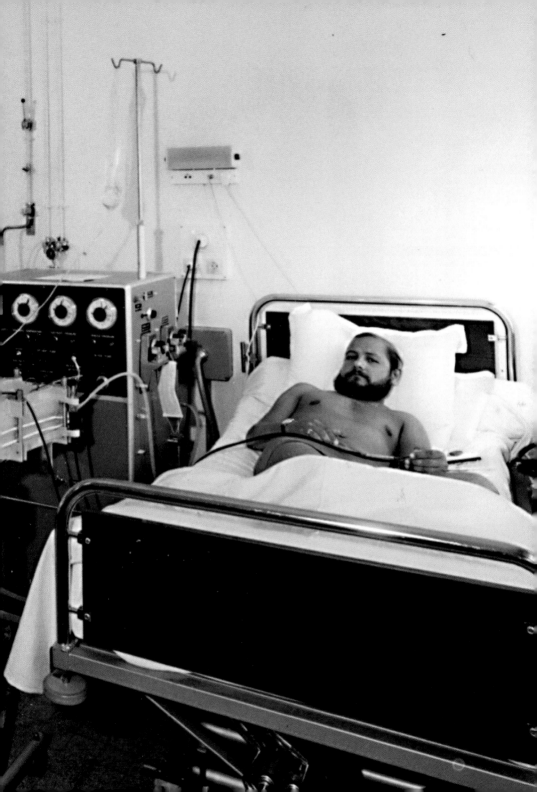

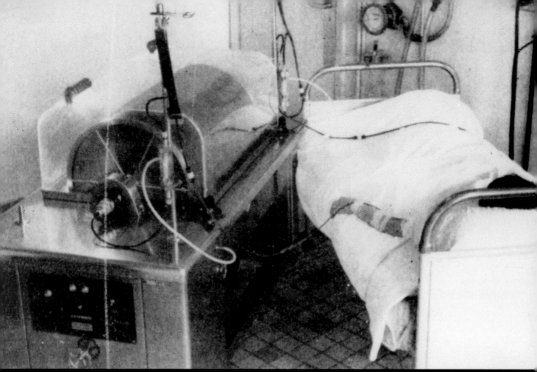

Ci-dessus : Une patiente durant une séance de dialyse aigüe, à Necker, en 1960.
Ci-dessous : Le rein artificiel rapporté de Boston et modifié par Gabriel Richet, photographié à Necker en 1963.

Préface

Ils se souviennent...

Les récits qu'on va lire relatent des combats. Ceux qu'ont menés, et mènent encore, des patients et des médecins contre un ennemi commun, les maladies rénales. Le grand intérêt du présent ouvrage est de remonter à l'origine des combats, à l'époque où la mort était le lot commun de l'immense majorité des patients. Des hommes et des femmes qui ont vécu cette époque des deux côtés de la frontière évoquent leurs souvenirs. L'histoire des débuts de la néphrologie s'est inscrite dans leur mémoire parce qu'elle fait corps avec leur existence. Et souvent la simple évocation de ces moments à la fois tragiques et lumineux (du fait de l'espoir suscité par les débuts de la dialyse et de la transplantation) réussit à abolir la distance qui sépare le néphrologue de son patient au profit d'une mémoire commune d'anciens combattants, empreinte, des deux côtés, d'une grande humanité. Ils étaient les uns et les autres «sur le même bateau». Car l'essentiel à cette époque était de lutter contre la mort. Et on mourait beaucoup.

Les médecins étaient impuissants, ils savaient encore peu de choses. Pour révolutionnaires qu'ils fussent, les deux traitements de suppléance qui s'inventaient étaient loin d'avoir fait leurs preuves : « En tentant de les soigner, il nous arrivait de les tuer. » Au tournant des années 1960, la part de greffés qui survivaient à la première année était faible, faute d'immunosuppresseurs, non encore découverts. Les malades arrivaient à l'hôpital par centaines pour y mourir. Imaginer, en 1960, qu'on pourrait dialyser plusieurs fois par semaine des milliers de patients était une utopie. L'insuffisance rénale chronique a long-temps été exclue du soin au profit des anuries[1] aiguës, qui ne devaient être traitées que quelques jours ou semaines. Quelques années plus tard, la dialyse chronique apparaît enfin, mais le nombre de postes est dérisoire et il faut sélectionner ceux qui vont pouvoir être traités. Ce fut la tâche délicate que s'attribuèrent, en l'absence de toute légis-lation bioéthique, ces « tribunaux des dieux » composés de quelques médecins, d'un aumônier et d'une psychologue. À eux de décider de la survie d'une minorité et de la mort de tous les autres. Les laisser mourir a longtemps été le sort des très nombreux patients chroniques.

Et puis, peu à peu, on a commencé à gagner des batailles. Ces victoires étaient parfois jugées si improbables et si spectaculaires que les uns et les autres recourent aujourd'hui encore au registre du surna-turel pour les qualifier : ils parlent de « miracles » et de « miraculés ».

Se nouaient, dans cette période héroïque où l'espoir de progrès rapides était partagé par tous, des relations fortes entre les néphro-logues et leurs patients. Les uns et les autres en parlent avec émotion

---

1. État des personnes qui n'urinent plus, de manière transitoire (insuffisance rénale aiguë) ou définitive (insuffisance rénale au stade terminal).

et reconnaissent les dimensions bénéfiques et thérapeutiques de cette relation humaine. Le sentiment d'être compris et soutenu dans l'épreuve active la résilience. À l'heure où la néphrologie est devenue de plus en plus scientifique (et chacun ne peut que s'en réjouir), l'œil du néphrologue est parfois davantage attiré par l'écran de l'ordinateur que par le regard du patient. Beaucoup de témoignages rappellent l'attente de l'écoute, le réconfort apporté par une main posée sur un bras et l'importance d'un climat de confiance entre médecin et malade, lorsqu'on vit une maladie chronique. Cette vérité est fortement rappelée par des médecins et des patients qui se souviennent de la détresse qu'ils partageaient.

D'autant que le rôle des patients a souvent été déterminant dans les progrès de la néphrologie. La première transplantation rénale réalisée en France, la nuit de Noël 1952, était une greffe avec donneur vivant. Et c'est la mère du receveur, Gilberte Renard, qui est à l'origine de cette première. C'est sur son initiative et grâce à son insistance que Jean Hamburger et son équipe se sont lancés dans l'entreprise. Régis Volle rappelle la fécondité de ses discussions avec son néphrologue, Guy Laurent, et les améliorations techniques qu'elles ont permis d'apporter à la dialyse. Écouter ses patients, c'est aussi faire profiter tous les autres de leur propre savoir. Et, à force d'endurer année après année tant d'épreuves, le malade chronique finit par se constituer un savoir empirique, trop souvent ignoré des néphrologues.

Bien sûr, l'échantillon des témoins est lacunaire, il s'est construit au gré des circonstances et des disponibilités de chacun. Beaucoup d'autres auraient mérité qu'on recueille leurs témoignages. Des pans entiers de l'histoire de la néphrologie ne sont pas abordés. Il n'empêche : ces témoignages suffisent par leur authenticité et leur passion à restituer le climat des origines, à mesurer l'immensité des progrès accomplis mais aussi à constater combien ce passé héroïque marque encore notre présent de son empreinte. Le régime des trois dialyses hebdomadaires de quatre heures est loin d'être un optimum thérapeutique. Il a été retenu pour s'adapter aux contraintes d'organisation et de rentabilité des centres. Les postes de dialyse ont eu beau se multiplier dans l'Hexagone, l'idée que les patients doivent mériter leur traitement, exprimer de la reconnaissance envers un système de soins rare et coûteux, et obéir aveuglément à toutes les injonctions médicales s'est transmise de génération en génération. La concurrence initiale entre les deux traitements a laissé des traces durables dans la séparation de la néphrologie en deux corps professionnels distincts qui communiquent peu entre eux.

En dépit des progrès spectaculaires accomplis depuis un demi-siècle, beaucoup reste encore à faire. Certes, les greffons extirpés, à la prison de la Santé, des corps décapités, les tirages au sort, le «tribunal des dieux» sont à jamais relégués dans les oubliettes de l'histoire. La mort n'est plus le personnage principal de la pièce, la survie a fait place à la vie, mais l'existence de nombreux patients reste encore durablement ravagée par la maladie. Hier comme aujourd'hui, la dialyse, par les astreintes qu'elle impose, reste une prison, et la chance d'être greffé ne débouche pas toujours sur un long fleuve tranquille.

Pour évoquer une telle histoire, il fallait conjuguer les regards du patient et du médecin. Les deux auteurs à l'initiative du projet incarnent cette vision duelle : Yvanie Caillé est une patiente au long cours, engagée très jeune dans tous les combats destinés à améliorer le sort des patients souffrant d'insuffisance rénale. Frank Martinez, praticien chevronné, clinicien réputé, exerce la néphrologie dans le service de transplantation de l'hôpital Necker, lieu historique où s'est fondée la néphrologie française. Leurs expériences personnelles animent de bout en bout ce recueil de témoignages passionnants.

Christian Baudelot[2]

---

2. Christian Baudelot est sociologue. Il a donné l'un de ses reins à son épouse Olga en 2006.

Chronologie

1912. Alexis Carrel, originaire de Lyon émigré à Chicago, apprend la couture auprès de brodeuses avant d'appliquer sa technique à des recherches sur les sutures vasculaires, qui lui vaudront le prix Nobel. En permettant de raccorder entre eux des vaisseaux, veines et artères, elles seront à la base des techniques chirurgicales des greffes d'organes.

1943. Le premier rein artificiel fonctionnel, précurseur des machines de dialyse, est mis au point à Kampen, en Hollande, par le docteur Willem Kolff.

Mais le problème de l'accès au sang des malades n'est pas simple. Des tubes en métal ou en verre sont utilisés pour accéder directement à une veine et à une artère, ce qui ne peut être réalisé qu'un petit nombre de fois et empêche une utilisation récurrente.

À la fin de la guerre, le docteur Kolff émigre aux États-Unis, emportant trois de ses machines avec lui.

Elles sont améliorées. Il les utilise pour soigner des malades souffrant d'insuffisance rénale aiguë[1] suite à des blessures (notamment des soldats blessés pendant la guerre de Corée) ou à des intoxications par des substances toxiques pour les reins, qui bloquent temporairement leur fonctionnement.

1951. À Paris, René Küss, avec Charles Dubost et Marceau Servelle, met au point la technique chirurgicale de la transplantation rénale et réalise plusieurs greffes à partir de reins prélevés sur des condamnés à mort, tout juste guillotinés.

25 décembre 1952. Marius Renard reçoit le rein de sa mère Gilberte dans le service de Jean Hamburger, à l'hôpital Necker. (Voir p. 31)

1954. Gabriel Richet passe deux mois à Boston chez John Merrill et en ramène à l'hôpital Necker le rein artificiel de Kolff. Il le modifie et l'améliore. Il traite cette même année avec cette machine une première patiente française atteinte d'insuffisance rénale aiguë.

Décembre 1954. Toujours à Boston, John Merrill et Joseph Murray réalisent la première greffe rénale couronnée de succès. Ronald Herrick, 23 ans, donne son rein à son vrai jumeau Richard.

1958. Jean Dausset débute la description du système HLA (de l'anglais *human leukocyte antigen*), qui caractérise l'identité des tissus humains.

---

1. Arrêt brutal et temporaire du fonctionnement des reins.

Il s'agit d'une étape majeure pour la compréhension de la compatibilité tissulaire et des phénomènes de rejet de greffe, qui lui vaudra le prix Nobel en 1980.

1958-1959. Jean Hamburger et John Merrill ont l'idée d'irradier les receveurs afin de supprimer temporairement la fonction de la moelle osseuse, responsable du rejet. C'est ainsi que Georges Siméon reçoit le 22 juin 1959 à Necker le rein de son frère André. Il survivra vingt-six ans avec un greffon fonctionnel. Mais la technique d'irradiation est extrêmement risquée pour les receveurs, leur mortalité est considérable... Elle sera rapidement remplacée par les premiers traitements médicamenteux immunosuppresseurs.

La même année, Pierre Mollaret et Maurice Goulon, deux neurologues français, décrivent pour la première fois la mort encéphalique, alors appelée «coma dépassé», ouvrant la voie au prélèvement d'organes sur des donneurs décédés mais dont le cœur bat encore.

Durant la seconde moitié des **années 1950**, à Seattle, le docteur Belding Scribner met au point un dispositif (dit «*shunt* de Scribner»). Il s'agit d'un tube en U qui relie une veine du bras à une artère, permettant la circulation sanguine. Le *shunt* rend possible l'accès répété au sang et donc la dialyse itérative.

1960. Le tout premier congrès mondial de néphrologie, qui regroupe une centaine de participants, se tient en France, à Évian. Belding Scribner y présente son expérience de six patients, les tout premiers au monde à être maintenus en vie de manière durable grâce à la dialyse chronique.

La même année, René Küss et Marcel Legrain réalisent à l'hôpital Foch les trois premières greffes rénales à partir de donneurs vivants non jumeaux avec les receveurs. Deux patients survivront dix-huit mois.

1962. Belding Scribner ouvre le premier centre d'hémodialyse chronique, à Seattle, suivi de près par Jules Traeger, à Lyon. La dialyse à domicile est également expérimentée avec succès.

Jusqu'à la fin des années 1960, l'accès à la dialyse restera limité à un très faible nombre de patients.

1965. James Cimino a l'idée de raccorder chirurgicalement une veine et une artère du bras. Le flux sanguin important provenant de l'artère provoque la dilatation de la veine et l'augmentation de la résistance de sa paroi. Elle prend l'aspect d'une artère et peut être piquée à chaque séance de dialyse, permettant un accès au sang avec un débit adapté. La fistule artério-veineuse est née et devient rapidement l'accès vasculaire de référence pour la dialyse chronique.

52 greffes rénales sont réalisées en France au cours de l'année.

1968. Moins de 200 patients sont traités en France par dialyse chronique.

1972. Environ 3 000 patients sont dialysés en France. 217 greffes de rein sont réalisées au cours de l'année.

1976. Un peu plus de 4 000 patients sont dialysés en France, parmi lesquels 1 600 sont en attente d'une greffe de rein. Moins de 350 transplantations rénales sont réalisées au cours de l'année.

1978. Un ensemble de progrès permet l'essor de la dialyse périto-néale, qui restera beaucoup moins utilisée que l'hémodialyse.

1983. 12 500 patients sont dialysés en France.

1984. La ciclosporine est introduite en France comme immuno-suppresseur en transplantation rénale. Ce médicament et d'autres progrès améliorent nettement les résultats des greffes rénales durant la décennie 1980.

1989. L'érythropoïétine (EPO) est commercialisée en France. Ce médicament permet de lutter efficacement contre l'anémie et évite donc aux malades dialysés les transfusions sanguines répé-tées, jusque-là indispensables. La qualité de vie en est grandement améliorée.

Aujourd'hui, environ 75 000 malades vivent, en France, grâce à la dialyse (41 000) ou à une greffe rénale (34 000). L'âge moyen des patients traités par dialyse est proche de 70 ans. Environ 14 000 patients sont en attente d'une greffe rénale.

13 % des greffes rénales réalisées en 2013 l'ont été à partir d'un donneur vivant, membre de la famille, conjoint ou ami du receveur. La compatibilité des groupes sanguins ABO du donneur et du rece-veur n'est plus obligatoire pour réaliser ce type de greffes.

PROMESSES DE L'AUBE

Noël 1952

Prenez mon rein, sauvez mon fils

Marius et Gilberte

1952. 18 décembre

Marius, 16 ans à peine, jeune charpentier de Berthecourt, dans l'Oise, accompagne son père sur un chantier de construction à Beauvais. Alors qu'il est perché en haut d'un échafaudage, au troisième étage d'un immeuble, sa tête heurte violemment une rambarde. Assommé, Marius fait une chute de sept mètres.

Son père se précipite et constate avec soulagement que le jeune garçon semble indemne : pas de blessure apparente, rien de cassé ! Par précaution, il décide de l'accompagner à l'hôpital, qui se trouve à quelques centaines de mètres de là.

Marius est immédiatement pris en charge. Il se plaint d'une forte douleur au côté droit. Le docteur Varin, chirurgien, diagnostique l'éclatement d'un rein et une importante hémorragie interne. Pas de temps à perdre : moins d'une heure après l'accident, Marius est au bloc opératoire. Son rein est dans un sale état, il faut l'enlever.

Qu'importe, on vit normalement avec un seul rein, Marius est jeune et en excellente santé, il s'en remettra vite !

Pourtant, rien ne se passe comme prévu. Le lendemain de l'intervention, Marius n'urine qu'un peu de sang. Le surlendemain, il n'urine plus du tout. Les médecins sont inquiets et décident de le transférer à l'hôpital Necker, à Paris, dans le service du professeur Michon. Cet établissement est réputé pour son expertise dans la prise en charge des maladies des reins, qui sont alors pratiquement toutes mortelles.

22 décembre

Marius est à Necker. Rapidement, le verdict tombe : il est né avec un seul rein, celui qui a été retiré à Beauvais. Le pronostic est sombre : la dialyse n'en est qu'à ses balbutiements et n'est utilisée que pour traiter des insuffisances rénales aiguës, pour permettre aux patients de « passer le cap » et de récupérer leur fonction rénale en quelques jours. La technique n'est donc pas adaptée à la situation de Marius.

La transplantation rénale est, elle aussi, en phase très expérimentale. Si la technique chirurgicale semble maîtrisée, toutes les tentatives sur l'homme, en France comme à l'étranger, ont été des échecs. Elles sont majoritairement réalisées à partir de reins prélevés sur des cadavres, principalement des condamnés à mort fraîchement guillotinés. Pour expliquer ces revers, en plus du mauvais état du greffon, on évoque déjà l'incompatibilité biologique entre donneur et receveur, sans pour autant pouvoir la quantifier et encore moins la maîtriser...

Pourtant, la greffe apparaît aux médecins de Marius comme le seul espoir pour tenter de sauver sa vie.

Lorsqu'ils informent ses parents de leur projet, Gilberte, sa mère, propose immédiatement de donner un de ses reins à son fils. Mais Jean Hamburger est réticent.

Marius n'a plus de rein depuis déjà quatre jours et son état est critique. Il faut le maintenir en vie. Des dosages sanguins très fréquents permettent d'ajuster des «traitements» destinés à tenter de contrôler l'empoisonnement progressif de son organisme. Un équilibre précaire devra être trouvé pour que Marius puisse attendre sa greffe...

25 décembre

Quelque part dans Paris, un homme atteint d'un grave traumatisme crânien est mourant. L'hôpital qui l'a pris en charge est en contact avec l'équipe de Necker : sa situation est désespérée. La mort annoncée de cet homme pourrait se transformer en une chance de vie pour le jeune garçon. Il est envisagé de prélever un de ses reins pour le greffer à Marius.

Pourtant, alors que tout se met en place, un ultime coup de théâtre se produit : le cœur de l'homme s'arrête une heure environ avant le début de l'intervention et le prélèvement est rendu impossible. Les chances de Marius semblent réduites à néant...

C'est sans compter avec la détermination de Gilberte : elle supplie les médecins de prendre un de ses reins pour le donner à Marius. Un geste considéré comme éminemment transgressif : comment justifier l'amputation d'une personne bien portante alors que le pronostic de la greffe est très sombre ?

Sa détermination est sans aucun doute cruciale, mais c'est surtout la configuration idéale qui entourerait une telle tentative qui finit de convaincre l'équipe de Necker. Les conditions du prélèvement seraient optimales, le rein serait d'excellente qualité et surtout le lien de parenté entre Marius et Gilberte conduit à penser que, pour une fois, les chances de succès seraient raisonnables.

Le consentement de Gilberte est écrit et signé. Elle est hospitalisée dans l'après-midi, dans une chambre voisine de celle de Marius. Elle subit une batterie d'examens visant à vérifier sa parfaite santé.

À 19 heures, la mère et le fils sont transportés, à travers l'hôpital Necker, vers le bloc opératoire. Ils sont installés dans deux salles contiguës. Des chirurgiens de Broussais ont rejoint ceux de Necker. Les deux interventions ont lieu simultanément. À minuit et demi, la donneuse et le receveur sont ramenés dans leurs chambres, Marius en salle Lefort et sa mère dans le bâtiment en face, salle Laugier.

Rapidement, le rein greffé se remet à fonctionner. Quelques jours plus tard, Marius a repris des forces. Ses parents le croient sauvé, même si les médecins restent très prudents.

Malgré leur souhait de discrétion, les médias s'emparent de cette belle histoire. Dès le début de janvier 1953, l'ensemble des journaux et des magazines relaient les nouvelles du jeune greffé, au jour le jour, louant l'exploit médical et la formidable générosité de sa mère. Soudoyant le petit personnel de l'hôpital, les journalistes parviennent non seulement à obtenir des informations qui auraient dû rester confidentielles, mais aussi à pénétrer dans l'enceinte de Necker pour rencontrer la mère et le fils. Des clichés les représentant dans leur lit sont publiés, ainsi que des photos des Renard, famille unie et heureuse avant l'accident.

De Marius, on écrit qu'il est « le jeune homme au rein greffé, le premier d'une nouvelle espèce », héros « d'un roman d'anticipation, d'un roman d'amour». Gilberte, «mince femme de 45 ans, cheveux gris, visage éclairé par un sourire confiant et les yeux pleins d'espoir», est «la mère exemplaire», «la mère douloureuse qui honore l'humanité». Elle déclare aux journalistes qu'elle «n'a fait qu'un tout petit sacrifice».

L'équipe médicale, elle, reste dans l'ombre et malgré les efforts des médias aucune interview ne sera réalisée, aucun nom de médecin publié. La presse parle de «savants», de «magiciens en blouse blanche», de «meilleurs chirurgiens et urologistes de France».

Soudain, le pays se passionne pour ce qui ressemble tout d'abord à une formidable réussite de la médecine. Les bulletins de santé de Marius sont rassurants, chacun de ses progrès est relaté en détail: la composition de ses menus, ses premiers pas, ses premiers projets pour «l'après», les visites de son petit frère, la présence attentive de ses parents à son chevet. Les cadeaux affluent: des livres et des albums d'aventure, un poste TSF et même des sommes d'argent. Marius doit être transfusé chaque jour; un appel est lancé: Necker a besoin de donneurs de sang de groupe B+. Plusieurs centaines de personnes s'y précipitent pour concourir à la guérison du jeune garçon, tant et si bien que bon nombre d'entre elles seront finalement refoulées.

La réussite semble à portée de main et, paradoxalement, si elle réjouit le public, elle ne l'étonne pas plus que ça: n'est-il pas légitime que les efforts conjugués de la médecine et l'amour d'une mère viennent à bout de la fatalité? Les articles consacrés à Marius se mettent peu à peu à relayer d'autres messages: l'état catastrophique de l'hôpital, la vétusté des locaux, la faiblesse des moyens disponibles. On lit même que «les médecins ont eu deux adversaires: la mort et un hôpital vieux de 200 ans»… Necker n'a en effet pas été rénové depuis plusieurs décennies et a conservé sa configuration d'origine, avec de multiples pavillons dispersés, et les conditions matérielles sont déplorables.

1953. 16 janvier

Soudainement, le rein greffé cesse de fonctionner. Une nouvelle intervention est réalisée dans l'urgence, elle vient confirmer ce que tous redoutaient : l'aspect du rein est caractéristique d'un rejet. Marius rassure ses parents et affirme qu'il ne va pas mourir. Son état préoccupant émeut la France entière et au-delà. Des courriers provenant de toute l'Europe parviennent à Necker. Pas moins de 111 anonymes proposent de donner à leur tour un rein au jeune garçon. Un élan de générosité que nul n'aurait pu prévoir. Quelques noms de donneurs potentiels sont publiés et leur courage est salué par la presse unanime.

L'état de Marius se dégrade de jour en jour. Ce qui aurait dû être une convalescence se transforme en une lente agonie. Les articles se font de plus en plus alarmistes et relatent en détail la détresse de la famille Renard. Bientôt, Marius est considéré comme condamné. Gilberte est désormais installée dans la chambre de son fils et ne le quitte plus. Son père est traqué lors de chacune de ses visites à l'hôpital, le moindre de ses propos est reproduit dans les journaux. On parle même des infirmières qui se cacheraient pour pleurer.

27 janvier

Marius est dans le coma.

28 janvier

Pour la première fois depuis son hospitalisation, la mère s'est laissé convaincre de ne pas rester à son chevet. Elle quitte Necker en début de soirée, prévoyant d'être de retour dès le lendemain matin.

Marius s'éteint à 21 heures.

Quelques jours plus tard, pas moins de 5 000 personnes sont réunies à Berthecourt pour rendre un dernier hommage au jeune garçon. Une procession impressionnante accompagne le cercueil, ainsi que 35 couronnes de fleurs blanches et roses, provenant du monde entier, jusqu'au cimetière du petit village.

Malgré la cruauté de cet échec, il ouvre la voie à l'ère de la transplantation : les observations et les résultats des analyses pratiquées seront décisifs, au plan scientifique. Le traumatisme est malgré tout très grand. Il faudra attendre plus de six ans pour qu'une nouvelle tentative soit réalisée. Le conte de Noël devenu tragédie aura marqué toute une génération.

Gilberte, dont tout l'amour n'aura pas suffi à sauver son fils, vivra jusqu'à l'âge de 85 ans.

La gifle

Gabriel Richet

Gabriel Richet était le petit-fils du professeur Charles Richet, prix Nobel de physiologie et de médecine pour la découverte de l'anaphylaxie. Grand résistant, il a été le premier adjoint de Jean Hamburger à l'hôpital Necker de 1950 à 1960 et l'un des bâtisseurs de la néphrologie. Il a fondé et dirigé le service de néphrologie de l'hôpital Tenon de 1960 à 1985. Il est décédé le 10 octobre 2014, à l'âge de 97 ans.

Simone D. n'a pas encore 30 ans, le 6 juin 1951, lorsqu'elle est hospitalisée à l'hôpital Necker.

Déjà mère de trois enfants, elle habite le Cher et a donné naissance quelques jours plus tôt au quatrième.

Immédiatement après l'accouchement, une infection sévère, appelée «fièvre puerpérale», est survenue. Rapidement, les reins ont cessé de fonctionner. L'absence d'émission de la moindre goutte d'urine en était le témoin.

Son médecin de campagne a pris la décision de l'adresser à l'hôpital Necker, à Paris.

J'étais l'adjoint du professeur Jean Hamburger.

Nous avons accueilli cette jeune femme dans une petite salle commune de cinq lits, la salle Foucher.

On savait depuis longtemps que le pronostic de ce type d'insuffisance rénale aiguë, si elle se prolongeait, était très souvent fatal.

Mais on savait aussi que si elle restait en vie suffisamment longtemps, ses reins se remettraient à fonctionner, que l'émission d'urines reprendrait. La période difficile serait passée et elle survivrait.

Dans une telle situation, il fallait donc faire survivre le malade, en corrigeant l'empoisonnement de son sang par les toxines et les minéraux qui s'y accumulaient, jusqu'à ce que la reprise des fonctions rénales écarte la mort.

Comment franchir ce cap de quelques jours, en maintenant la composition de l'organisme aussi proche de la normale que possible ?

Il fallait appliquer une technique dite « d'épuration », c'est-à-dire une dialyse.

L'hémodialyse, qui connaîtra le succès que l'on verra plus loin, venait juste d'être inventée, mais elle n'était pas encore arrivée en France. La dialyse péritonéale était déjà appliquée depuis 1947, à l'hôpital de l'Hôtel-Dieu de Paris, dans le service du professeur Maurice Dérot, avec les docteurs Legrain et Tanret.

Jean Hamburger préférait le recours à la dialyse intestinale. Son principe n'avait rien de particulièrement original. Il consistait à se servir de la très grande surface interne de l'intestin et de sa riche irrigation vasculaire pour réaliser des échanges entre les capillaires intestinaux et un liquide, dit de dialyse, introduit dans le tube digestif.

Le liquide s'y chargeait des déchets de l'organisme puis était éliminé. Quand les reins reprenaient leur fonction, la technique pouvait être arrêtée.

Potentiellement salvatrice, la dialyse intestinale était fort complexe à mettre en œuvre, et particulièrement difficile à supporter pour le patient.

En effet, quatre à cinq litres de liquide de dialyse par heure étaient introduits dans l'intestin et devaient bien s'évacuer... Et la voie basse, rectale, était la seule possible. Ce qui veut dire en pratique que la dialyse intestinale impliquait une diarrhée de plusieurs dizaines de litres par jour.

Le patient était installé dans un lit dédié, aménagé à cet effet. Les premiers «lits balances» venaient d'être inventés.

Une sonde de dialyse en caoutchouc, d'assez gros calibre, était introduite par le nez et descendue jusqu'au début de l'intestin grêle. Alors seulement le liquide de dialyse pouvait irriguer l'intestin, et la dialyse commençait.

Retrouvons Simone D., deux jours après son arrivée à Necker. Il était vite apparu évident que, sans technique de dialyse, ses chances de passer le cap difficile de quelques jours étaient faibles. Cela lui a été expliqué, elle l'a compris, et a accepté la mise en route de la technique de dialyse intestinale.

Les dix-huit premières heures se passèrent aussi bien que possible... Simone tolérait le gros tuyau introduit par le nez et acceptait tant bien que mal cette irrigation intestinale et l'émission d'une diarrhée abondante. Le réceptacle aménagé sous le lit se remplissait vite.

Il faut rappeler que Simone vivait cela immédiatement après un accouchement, avec un périnée encore fragile, à plusieurs centaines de kilomètres de ses enfants et de son nouveau-né. Dans la phase qu'on appelle aujourd'hui le *baby blues*...

À l'issue de la première journée de traitement, elle n'en pouvait plus. Elle a arraché sa sonde de dialyse et a refusé la poursuite du traitement. Rien ne semblait pouvoir la convaincre, pas même la quasi-certitude que sa survie en dépendait.

Nous avons donc pris contact avec son époux. Cultivateur de son état, il est venu à Necker pour s'entretenir avec nous. Jean Hamburger lui a tenu des propos simples : « Monsieur, nous avons mis en route un traitement chez votre épouse qui devrait permettre de lui sauver la vie. Mais si elle refuse ce traitement, cette technique, nous ne pouvons pas la forcer. »

Puis je l'ai accompagné auprès de son épouse. J'ai alors été le témoin d'une scène mémorable, dont je me rappelle le moindre détail, soixante-trois ans plus tard !

« Salope… ! Tu m'as coûté 4 000 francs pour que je te fasse monter en ambulance à Paris, et maintenant, en plus, tu veux me laisser seul avec les quatre gosses !!! »

Tout en prononçant cette sentence définitive, de sa main droite de cultivateur, il lui administrait un magistral aller-retour sur le visage. Et il ajoutait : « Tu vas faire ce que te disent les docteurs !!! »

Simone a donc accepté la reprise de la dialyse intestinale, pour une durée de six jours, sans l'interrompre de nouveau. Puis ses reins se sont remis à fonctionner. Elle est sortie en bonne forme de l'hôpital Necker. Je n'ai plus jamais eu de ses nouvelles.

La dialyse intestinale a rapidement été abandonnée au profit d'autres techniques, plus efficaces et mieux tolérées.

L'épopée du traitement de l'insuffisance rénale aiguë, maladie susceptible de guérir si l'on a assuré la survie pendant toute la période d'anurie, a marqué l'histoire.

Avant même d'envisager de faire vivre des malades pendant des décennies avec les techniques de greffe et de dialyse, permettre à certains de passer ce cap des « quelques jours » que représentait l'insuffisance rénale aiguë était un premier défi, et pas des moindres. Pour celui-ci comme pour les suivants, il aura fallu quelques génies, fous et courageux, des hommes et des femmes, des malades et des médecins, pour rendre possible une très improbable aventure. Maintenir en vie des êtres humains dont un organe vital était détruit.

On n'est pas sérieuse
quand on a 14 ans

Nicole et Monique

Nicole a 14 ans en cette fin d'hiver 1961, lorsqu'elle arrive à l'hôpital Necker. Sa sœur Monique est aussi du voyage. Bien plus grande, bien plus en forme que Nicole, pleine de vie. Aucune ressemblance entre les deux adolescentes, qui sont pourtant jumelles...

Chétive, malade, de plus en plus fatiguée, Nicole sait depuis long-temps déjà que ses reins fonctionnent mal. C'est ce qui l'a empêchée de bien grandir, au contraire de ses neuf frères et sœurs, tous en parfaite santé. C'est peut-être aussi la raison pour laquelle elle a passé une bonne partie de sa petite enfance chez une nourrice, loin de sa sœur et de sa famille. Elle a vu plusieurs docteurs, a été suivie par un spécialiste, qui lui a prescrit un régime draconien : très peu de viande, des pâtes, du riz, pas de sel, pas d'œufs... Tout ce qui pourrait contri-buer à fatiguer ses reins lui est interdit. Ce qui reste est insipide et ne lui permet pas de reprendre des forces. Et, malgré tous ses efforts et privations, rien n'y fait. Son taux d'urée[1] ne cesse d'augmenter dans son sang, ce qui montre que ses reins continuent à se détériorer.

Pour Jean Hamburger, l'arrivée des deux adolescentes à Necker est à la fois un cas de conscience et une magnifique opportunité. Celle de sauver d'une mort certaine une jeune fille de 14 ans, avec d'immenses chances de succès. Il s'est empressé de vérifier que les deux sœurs étaient bien de vraies jumelles. La biologie a parlé, il n'y a plus aucun doute, malgré l'absence de ressemblance. La compatibilité est parfaite. C'est une chance inespérée pour Nicole. C'en est une également pour Jean Hamburger. Cette transplantation extraordinaire représenterait une nouvelle contribution remarquable à l'histoire encore balbutiante de la greffe rénale. Depuis une décennie, c'est principalement à Paris et à Boston qu'elle s'écrit, dans une dynamique qu'on pourrait qualifier de « saine émulation ».

Plusieurs greffes entre vrais jumeaux ont déjà eu lieu à Boston, notamment celle des frères Herrick, en 1954. Le premier véritable succès au monde, tout juste deux ans après le drame de Marius Renard. Il vaudra un prix Nobel à Joseph Murray en 1990. La gémellité vraie, c'est un peu le saint graal de la transplantation. Donneur et receveur sont totalement compatibles. Tous les écueils immunologiques sont levés, aucun traitement antirejet n'est nécessaire, la technique chirurgicale de la transplantation est au point. Sept ans après l'intervention, Ronald et Richard Herrick vont tous deux très

---

1. Substance éliminée par les reins et qui provient de la dégradation des protéines des muscles et de l'alimentation. La mesure de l'urée sanguine permet d'estimer en partie le fonctionnement des reins, mais cette mesure est moins précise que celle de la créatinine.

bien... Le receveur a même épousé l'infirmière qui s'est occupée de lui dans les suites immédiates de la transplantation.

Mais ce n'est pas tout : deux mois plus tôt, le 28 décembre 1960, Johanna Nightingale, une fillette de 12 ans, a reçu à Boston un rein de sa sœur jumelle Lana. Le désir de donner de Lana était absolu. Elle savait que seul ce don pouvait sauver sa sœur et avait déjà compris que si on lui refusait cette possibilité, elle devrait vivre le reste de son existence avec un regret terrible. Mais la famille Nightingale essuya d'abord trois interdictions, émanant de trois tribunaux distincts. La petite Lana fut alors entendue par un juge de la Cour suprême du Massachusetts. Avant de se prononcer, il lui demanda ce qu'elle ferait s'il s'opposait à son tour à ce don. Elle répondit qu'elle demanderait l'accord d'une plus haute juridiction et finirait par obtenir un feu vert. La greffe fut enfin autorisée et eut lieu immédiatement.

Jean Hamburger a entendu parler de cette greffe, toute récente, de cette histoire, si proche de celle de Nicole et Monique. Elle l'inspire et le stimule. Il est déterminé, même si l'état de Nicole n'est pas aussi désespéré que celui de Johanna et lui laisse probablement encore quelques mois de sursis, voire un peu plus. Il veut aller vite et initie rapidement différentes démarches, en premier lieu auprès du conseil de l'ordre des médecins et du ministère de la Santé. Le problème est simplement posé :

« Doit-on laisser mourir cette enfant qui peut être sauvée ?

« Doit-on, au contraire, accepter pour sa sœur saine un risque, si faible soit-il, au mépris de toutes les règles qui interdisent de prendre quelque risque que ce soit pour un enfant, si ce n'est dans l'intérêt de sa propre santé ? »

Le conseil de l'ordre se prononce rapidement en faveur de la greffe. Le ministère de la Santé transmet la demande au ministère de la Justice, lequel indique que «le prélèvement d'un organe à un sujet sain peut être assimilé à des coups et blessures volontaires, donnant à l'intervention projetée un caractère délictuel». Il précise cependant que le chirurgien serait dégagé de toute responsabilité pénale, compte tenu de «la contrainte morale résultant de l'état de nécessité où il se trouve».

Monique exprime clairement son désir de donner un rein à sa sœur. Au contraire de Nicole, largement tenue dans l'ignorance de la gravité de son état, elle est parfaitement au courant des enjeux. Mais le consentement d'une adolescente de 14 ans est-il recevable? Elle rencontre un psychologue pour enfant, afin qu'il s'assure de sa capacité à prendre une telle décision. Le verdict est parfaitement rassurant: «Il s'agit d'une fillette intelligente et réfléchie. Ses liens à l'égard de sa jumelle sont très étroits. Très rapidement, il est apparu dans la conversation que Monique est parfaitement au courant de la maladie de sa sœur et de la situation. Depuis déjà deux ans, elle était informée de la question de la greffe du rein et se tenait régulièrement au courant, de sorte que depuis très longtemps elle a mûri d'elle-même la situation actuelle. En conclusion, on peut affirmer que cette enfant de 14 ans, intelligente, bien équilibrée, est tout à fait apte à prendre cette décision importante. On peut même dire qu'elle l'a prise d'elle-même avant que les médecins le proposent.»

Pour Nicole, les choses ne sont pas aussi claires. La greffe de rein, on lui en a vaguement parlé, sans lui préciser que Monique était la donneuse pressentie. Mais la fillette a des soupçons, que la présence de sa sœur à ses côtés à l'hôpital ne fait que renforcer. Or, ce rein, elle n'est pas du tout d'accord pour le recevoir. Personne ne lui a expliqué que cette greffe est probablement son unique chance de survie. Elle n'est certes pas très en forme, mais elle ne se sent pas en danger. Malgré ses réserves, Nicole sera jusqu'au bout tenue « dans l'ignorance » du don de Monique.

Comme prévu, la greffe a lieu, le 16 mars 1961. Et, comme prévu, tout se passe parfaitement bien pour les deux fillettes. Nicole se remet rapidement... Des jours qui ont suivi l'intervention, elle garde le souvenir des attentions et de la douceur des infirmières, et celui du saucisson dont elle a pu enfin se régaler, alors qu'elle était privée de charcuterie depuis des années. Et aussi, celui du professeur Hamburger, dont elle se rappelle juste combien « il était gentil »...

Elle ne prendra réellement conscience d'avoir échappé à une mort certaine que plusieurs mois plus tard, quand ses parents lui expliqueront enfin ce qui s'est joué à Necker.

Très vite, la vie a repris son cours. La croissance de Nicole a redémarré et elle a commencé à ressembler de plus en plus à sa sœur. Les jumelles ont rapidement mis cet épisode de côté. Aucun traitement, ni pour l'une ni pour l'autre. Aucune conséquence. Chacune s'est mariée, a eu des enfants, a mené une existence simplement normale, a gardé une bonne santé. Plus de cinquante ans plus tard, elles vivent toujours non loin l'une de l'autre, dans un petit village de la Nièvre, avec le sentiment diffus d'avoir connu une aventure exceptionnelle.

LE TEMPS
DES PIONNIERS

À contre-courant

Régis Volle

Régis Volle, 71 ans, est le fondateur de la Fnair[1], toute première association de patients concernés par les maladies rénales en France. Il partage aujourd'hui sa vie entre la région lyonnaise et la Bretagne.

En 1967, j'avais 24 ans. Je profitais de la vie, je sortais beaucoup, je passais mes soirées à jouer du jazz au piano, dans des bars de Lyon, avec des amis manouches. Je faisais beaucoup de kayak. Je m'amusais, j'étais insouciant, l'avenir me souriait. Les études n'avaient jamais été une priorité, je prenais mon temps. J'étais en deuxième année de médecine. J'avais choisi la même voie que mes deux frères aînés quelques années plus tôt. Nous étions issus d'une famille de médecins et de pharmaciens.

Ce printemps-là, une fatigue dévorante s'était peu à peu emparée de moi. J'étais supposé préparer mes examens, mais le soir venu je ne

---

1. Fédération nationale d'aide aux insuffisants rénaux.

pouvais que m'effondrer devant la télévision, incapable de me mettre au travail.

Sous la pression familiale, j'ai fait un bilan sanguin. Mon taux d'urée atteignait des sommets. J'ai tout de suite su ce que ça signifiait. J'étais bien placé aussi pour comprendre que le pronostic était sombre. Pourtant, je suis resté résolument optimiste et je me suis convaincu que j'avais une insuffisance rénale fonctionnelle, qui allait donc régresser peu à peu… Je n'ai jamais pensé que j'étais condamné. J'ai été soigné à l'Antiquaille, dans le service de Jules Traeger. La dialyse chronique y avait été mise en œuvre dès 1961, avec cinq ans d'avance sur Paris.

Traeger avait tout compris, très vite. Il avait participé au tout premier congrès international de néphrologie, qui s'était tenu à Évian, en 1960, sous l'impulsion de Jean Hamburger. Il avait assisté à la présentation de la dialyse chronique de Belding Scribner. Ce néphrologue génial était venu de Seattle pour parler des six patients qu'il maintenait en vie depuis plus d'un an grâce à des dialyses itératives et au *shunt*[2], dispositif d'accès au sang qu'il avait mis au point et qui porte toujours son nom. Son topo n'avait pas entraîné l'affluence : seuls quatre médecins étaient venus l'écouter. Traeger en faisait partie, et il fut enthousiasmé par la portée de cette expérience. Belding Scribner avait évoqué à l'issue de sa présentation les questions éthiques soulevées par la sélection des patients qui pourraient

---

2. Il s'agit d'un tube en U qui relie une veine du bras à une artère, permettant la circulation sanguine. Lorsque la dialyse était réalisée, une partie du tube était déconnectée et le générateur de dialyse était relié aux extensions de l'artère et de la veine. Ce type d'accès vasculaire a désormais été abandonné au profit de la fistule artério-veineuse, qui permet d'éviter la présence de tout corps étranger.

recevoir le traitement. En revanche, il n'avait à aucun moment abordé les perspectives d'un élargissement de l'accès à la dialyse et encore moins tenté d'anticiper les profonds changements sociaux et financiers qu'allait entraîner un peu plus d'une décennie plus tard sa généralisation... C'est pourtant ce motif qui rendait incrédule la très large majorité des néphrologues. Imaginer qu'on pourrait dialyser plusieurs fois par semaine, sans limitation de durée, des milliers de patients semblait totalement irréaliste. Beaucoup, en premier lieu Jean Hamburger, voyaient dans la transplantation rénale l'unique planche de salut.

Jules Traeger, au contraire, avait immédiatement compris que les deux traitements seraient complémentaires. Il s'est très vite lancé.

Sept années plus tard, lorsque j'ai été hospitalisé, des patients chroniques étaient dialysés au long cours à l'Antiquaille... Mais il y avait peu d'élus.

Je me souviens des salles communes de ce vieil hôpital, où des dizaines de malades venaient mourir. Lorsque l'issue semblait imminente, on essayait de les isoler dans des chambres individuelles. Mais beaucoup sont aussi passés de vie à trépas sous les yeux de leurs compagnons d'infortune, dont les miens. Nous acceptions, nous ne nous révoltions pas. Nous ne savions même pas quels étaient les enjeux. La greffe, la dialyse, tout cela était très loin de nous, nous n'avions pas conscience de la sélection, des choix terribles qui étaient faits et qui décidaient de la survie d'une minorité et de la mort de tous les autres. C'était une autre époque, les patients n'étaient pas informés et les médecins considéraient qu'ils n'avaient pas à l'être, le paternalisme médical prenait toute la place. Les médias étaient moins présents et surtout ne jouaient pas du tout le même rôle qu'aujourd'hui. Ils avaient relayé quelques grandes premières, notamment la greffe de Marius Renard, quinze ans plus tôt. Mais une fois l'émotion du moment passée, on n'en entendait plus parler. En 1967, le grand public comme la plupart des médecins de famille ignoraient totalement que des traitements permettant de survivre à l'insuffisance rénale terminale émergeaient peu à peu.

Nous étions donc confiants, soumis et consentants. Gravement malades et affaiblis, ignorants, nous venions à l'hôpital confier nos existences aux hommes en blanc, détenteurs de la connaissance...

Mon «traitement» a initialement consisté en un régime alimentaire très sévère, essentiellement composé de pâtes sans sel et d'un peu de blanc d'œuf. Il était supposé «économiser» mes reins et donc ralentir leur dégradation. Je l'ai suivi de manière drastique. J'y croyais et j'étais discipliné. Je pense que ça n'a servi à rien. Assez vite, j'ai su, j'ai senti que j'étais «au bout du rouleau». Je n'en pouvais plus. Malgré tout, à aucun moment je n'ai pensé à la mort. Et encore moins à la dialyse!

On m'a raconté plus tard que mon dossier n'avait officiellement pas été sélectionné. Le «tribunal des dieux» de l'Antiquaille m'avait condamné. Il était composé de quelques médecins, dont le chef de service, d'un aumônier et d'une psychologue... Ils se penchaient sur les très nombreux cas de patients qui arrivaient d'un peu partout, avec des maladies rénales à un stade très avancé. Les éléments de choix étaient très clairs. Pour être dialysé, il fallait avoir de bonnes chances d'être greffé rapidement mais surtout être «chargé de famille», c'est-à-dire avoir des enfants et leur responsabilité financière. Je ne répondais à aucun de ces critères. Mon groupe sanguin, O, était à l'époque, pour une raison dont je ne me souviens pas, un important handicap pour recevoir une greffe.

Pendant que je me dégradais doucement et en toute inconscience, mes proches faisaient à mon insu des pieds et des mains pour me permettre de survivre. Traeger leur avait mis le marché en main : je ne serais dialysé que si ma famille faisait l'acquisition d'une machine de dialyse, qu'on appelait alors «rein artificiel», et assurait mon traitement à domicile... Mais les coûts étaient énormes. Mes proches sont allés jusqu'à contacter le ministre de la Santé de l'époque pour trouver les fonds, en vain.

Et puis, un jour, alors que mes forces m'avaient presque totalement quitté, on est venu me chercher. On m'a emmené dans une salle où se trouvaient quatre lits et où était installé un dispositif que je n'avais jamais vu. Je me souviens surtout de l'odeur, très forte et caractéristique, de formol, d'acide acétique, d'iode, de produits chimiques... Et, là, on m'a dialysé. Un jeune médecin, Guy Laurent, avait décidé de me traiter, contre l'avis de son patron. Je n'ai jamais réellement su ce qui l'avait incité à me sauver et à s'attirer les foudres de Jules Traeger. Avait-il été ému par le jeune homme que j'étais ? Sa proximité avec mes frères, qu'il avait côtoyés durant son internat, était-elle en cause ?

Une fois le traitement débuté, il n'était plus question de l'interrompre.

C'est ainsi que j'ai échappé au sombre destin auquel j'avais été promis.

Guy Laurent a sauvé ma vie, mais le lien qui s'est noué entre nous va aussi bien au-delà de la reconnaissance que je lui dois. C'est un personnage et un médecin singulier, qu'on qualifie souvent de «gourou», à juste titre. Il a un contact remarquable avec les patients, que certains voient comme une forme d'emprise. Dans les pires moments que j'ai traversés à côté de lui, lorsque la douleur ou la peur me terrassaient, le simple fait qu'il pose sa main sur mon bras m'apportait un réconfort extraordinaire. C'est un geste de sollicitude qu'il a toujours utilisé, sans réserve, avec ses malades. Ainsi décrit, il peut sembler anodin. Pourtant, lorsqu'on est en détresse, ce simple contact physique, qui dit « Je suis là, courage », ou quelque chose d'approchant, a un immense pouvoir. Il témoigne de beaucoup d'humanité, il apaise et redonne confiance. Peut-être qu'il manipule un peu aussi, je l'ai compris au fil du temps. Mais c'est un prix raisonnable à payer, au regard de ce qu'il apporte.

J'ai donc accordé ma confiance à Guy Laurent, qui est devenu mon néphrologue. Fils de ferronnier, il a beaucoup aidé son père, pendant sa jeunesse, il a appris l'artisanat du fer forgé. Il est resté astucieux, bricoleur... Devenu médecin, clinicien hors pair, il a aussi su conserver et cultiver ses aptitudes techniques. Il réfléchissait sans cesse, n'hésitait pas à innover, à imaginer des améliorations très pratiques et à les mettre en œuvre. C'est parce qu'il avait ces deux types de compétences, totalement complémentaires, qu'il a pu tant apporter dans le domaine de la dialyse...

Durant les trois premières années, j'ai été dialysé à l'Antiquaille, à raison de deux fois par semaine, la nuit, pendant douze heures. C'était encore très artisanal... Les tubulures étaient en plastique souple, il était fréquent qu'elles se coudent, que le sang ne passe plus. Les incidents étaient fréquents.

Il y avait deux types de dialyse à l'hôpital. Sur deux étages distincts. Au premier, on proposait une dialyse courte, qui ne durait que trois heures. Ce temps de traitement était insuffisant pour assurer une épuration correcte de l'organisme. Cette dialyse était plutôt destinée aux patients qui seraient greffés rapidement. Rien qu'en regardant leur visage, on pouvait deviner qu'ils étaient soignés de cette manière. Ils avaient le teint verdâtre, d'immenses cernes sous les yeux. Ils étaient épuisés et s'usaient très vite.

Et puis il y avait la dialyse de Laurent, qui appliquait les préceptes de Scribner. Elle était de longue durée, douze heures en général. Quelques rares néphrologues avaient parfaitement compris, depuis le début, que le temps et la «dose» de dialyse étaient déterminants pour en assurer la qualité, qui allait de pair avec la survie et le bien-être des patients. C'est toujours vrai aujourd'hui, et pourtant ça reste très peu appliqué... Le «format» standard de l'hémodialyse en France est toujours de quatre heures trois fois par semaine, même si on sait parfaitement que c'est insuffisant. Les gens iraient beaucoup mieux et vivraient plus longtemps avec cinq ou six heures de traitement, ou plus. La qualité des soins est sacrifiée sur l'autel de l'organisation des centres, des horaires des infirmières, de la rentabilité attendue des structures de dialyse. L'intérêt des patients n'est qu'un paramètre secondaire dans cette équation complexe. Leur accès au traitement a représenté un formidable défi de santé publique et un choix de société sans précédent. Cinquante ans plus tard, la dialyse «pour tous» est devenue une activité industrielle très coûteuse pour le système de santé, mais aussi très rentable pour ses opérateurs.

Durant les premières années, l'anémie a représenté un immense problème pour les patients dialysés. Lorsqu'ils ne fonctionnent plus, les reins cessent de fabriquer l'érythropoïétine (EPO), l'hormone qui permet la synthèse de l'hémoglobine par la moelle osseuse. Plus d'EPO, plus de globules rouges. Les patients deviennent donc très anémiés. Cela se traduit par un épuisement extrême, à ne plus pouvoir tenir debout, à ne plus parvenir à respirer. Aujourd'hui, on prescrit aux patients dialysés de l'EPO de synthèse et le problème est «réglé». À la fin des années 1960, ces traitements n'existaient pas encore. On faisait des transfusions sanguines répétées aux malades, avec tous les risques associés[3], de transmission de maladies, de réactions et aussi d'immunisation[4], qui compromettaient les possibilités de greffe. Guy Laurent avait appris qu'en Angleterre les patients n'étaient pas transfusés. On laissait faire la nature et on comptait sur les effets d'une «bonne dialyse». L'hémoglobine se stabilisait pendant quelque temps à un niveau très bas, et puis, tout doucement, elle commençait à remonter. Jusqu'à atteindre un taux acceptable. Sans transfusion, sans EPO. Alors, Laurent a décidé d'appliquer cette méthode à ses malades. J'ai vécu cela. Ça marchait. Mais la phase «basse» était terrible à traverser...

Pendant toute cette période (fin des années 1960 et début des années 1970), Traeger faisait aussi beaucoup de transplantations. Mais

---

3. Les transfusions sanguines ont longtemps comporté des risques importants. Ceux d'une réaction à la transfusion d'abord, mais aussi ceux liés à la contamination par des virus, comme les hépatites ou le VIH. Risques d'immunisation enfin, ces transfusions pouvant provoquer la formation d'anticorps anti-HLA. Un vrai problème pour des patients candidats à la greffe... Le fait que les patients dialysés soient transfusés de manière fréquente et répétée augmentait d'autant ces risques.

4. Lorsque l'organisme humain est mis en contact avec des antigènes provenant d'un autre individu, il les «reconnaît» en général comme «étrangers». Cela se produit notamment lors d'une transfusion sanguine, d'une grossesse ou d'une transplantation d'organe. L'organisme peut alors réagir en fabriquant des anticorps spécifiques dirigés contre ces antigènes étrangers. Ces anticorps peuvent persister dans le temps. On dit alors que la personne est «immunisée» contre ces antigènes. L'immunisation, en fonction de son ampleur, peut rendre l'accès à la greffe compliqué. Si le greffon provient d'un donneur contre lequel le receveur est immunisé, le risque de rejet devient en effet beaucoup plus élevé.

les résultats étaient mauvais. J'ai vu beaucoup de mes amis dialysés se laisser convaincre d'être greffés et ne pas y survivre. Le choix était difficile, la dialyse était pénible, douloureuse, dévorante, c'était un fardeau. Mais l'information donnée par les médecins transplanteurs sur la greffe était très parcellaire. On cachait la réalité des risques aux patients. Il fallait les inciter à tenter l'aventure. Après l'intervention chirurgicale, on les mettait dans une chambre stérile… qui n'en avait que le nom. Beaucoup n'en ressortaient pas vivants. Plus de la moitié mouraient durant la première année. Les virus, terribles, faisaient des ravages. Il n'y avait pas de traitements antiviraux à l'époque… Je me souviens de cette jeune fille, Frédérique, qui devait avoir 20 ans, très jolie. On avait beaucoup parlé. Elle ne voulait plus de la dialyse, elle ne supportait plus la privation de liberté, la pénibilité du traitement. Elle croyait tant à la greffe qu'elle la voyait comme une promesse de guérison… Elle est morte quelques semaines après. C'était terrible et injuste. Des histoires comme celle de Frédérique, j'en ai vu beaucoup et elles m'ont terriblement marqué.

Guy Laurent, lui, n'était pas favorable à la greffe. Il insistait auprès de ses patients sur la réalité des risques auxquels elle les exposerait et sur la sécurité que représentait pour eux la dialyse, en attendant que les résultats de la transplantation s'améliorent. Il en a dissuadé beaucoup. Mais certains voulaient tant échapper à la dialyse qu'il ne pouvait que se résoudre à les accompagner sur ce chemin.

Jusqu'à la fin des années 1970 environ, il était de manière évidente beaucoup plus sûr, moins risqué, d'être dialysé et de le rester, en veillant à une très bonne qualité de traitement, c'est-à-dire en faisant de la dialyse longue, plutôt que de tenter la greffe. C'est le choix que j'ai fait et que je ne regrette pas, sauf pour mes deux ou trois dernières années de dialyse. J'ai peut-être attendu un peu trop longtemps avant de changer d'avis et d'opter pour la greffe. J'y reviendrai.

À un moment, il était prévu que je quitte l'Antiquaille pour me dialyser à domicile. Pour cette raison, on m'a posé un *shunt* à la cheville, ce qui me permettait de me brancher tout seul, d'avoir mes deux mains libres. Mais je n'étais pas du tout pressé de me retrouver seul à la maison, j'ai fait traîner.

Et puis Guy Laurent a fondé son propre centre, à Tassin-la-Demi-Lune. J'ai attendu quelques mois, qu'il s'installe, pour être sûr que ça se passait bien, puis j'ai décidé de le suivre. C'était en 1970. Là-bas, Laurent a eu toute liberté pour faire la dialyse en laquelle il croyait, mais aussi pour offrir à ses patients un environnement accueillant, presque familial, une grande proximité des rapports humains entre soignés et soignants. Nous étions chez nous à Tassin, nous nous entraidions, nous partagions les repas, les séances de dialyse, les fous rires et les galères. Nous passions de très bons moments ensemble. Laurent organisait des week-ends dans sa propriété de Haute-Loire, il invitait tous ses patients dialysés. Nous allions l'aider à débroussailler son gigantesque terrain. Ce sont de très bons souvenirs, malgré les difficultés. Nous étions tous très liés.

C'était une ambiance très particulière, qui aidait beaucoup à accepter la dureté du traitement.

Je n'ai jamais admis que la dialyse me prive de liberté, ni renoncé aux activités que j'affectionnais. Guy Laurent respectait cela, il n'a pas cherché à me dissuader, au contraire. Il était à l'écoute de ce que je proposais pour améliorer ma condition et gagner en autonomie. Par exemple, j'ai toujours continué à faire du ski. Mon *shunt* a été plusieurs fois endommagé, à cause des chocs. C'était un vrai problème, les dialyses sur un *shunt* qui fonctionnait mal devenaient très difficiles, la qualité du traitement s'en ressentait. Alors j'ai tenté de trouver une solution, je me suis informé et j'ai appris qu'un nouveau type d'abord vasculaire avait été mis au point et présentait de nombreux avantages. Moins fragile, plus durable, la fistule artério-veineuse était la promesse d'une bien meilleure autonomie... Toulouse était le seul endroit en France où on pouvait trouver un chirurgien capable d'en créer une. J'en ai parlé à Guy Laurent, il a estimé que c'était une bonne idée et m'a accompagné sur place, où il a assisté à l'intervention. De retour à Tassin, les débuts ont été un peu difficiles, car les seules aiguilles qui existaient étaient très grosses, métalliques et leurs biseaux blessaient fréquemment la paroi de ma veine. C'était très douloureux. Mon bras était couvert d'hématomes, on repiquait dedans, ça faisait encore plus mal. Je me souviens que je me racontais des histoires pour tenir. Je me disais par exemple que j'étais un résistant, torturé par la Gestapo et que je ne devais pas craquer... Là aussi, j'ai fini par trouver la solution : des aiguilles souples, que l'on posait grâce à un guide métallique, retiré immédiatement après la ponction. La douleur était très atténuée, je pouvais enfin dormir et même bouger un peu mon bras pendant les longues séances, sans risquer de me blesser.

À chaque fois que j'ai fait des propositions, Guy Laurent m'a écouté et a accepté d'essayer. C'était rassurant et gratifiant pour moi, de prendre une telle part à mon traitement et aux améliorations qui lui étaient peu à peu apportées. Au-delà de ça, elles bénéficiaient à la collectivité. Tous les patients de Tassin ont rapidement vu leur *shunt* remplacé par une fistule. Guy Laurent a reproduit les gestes qu'il avait observés à Toulouse pour les réaliser lui-même et est vite devenu expert en la matière.

On avait tous l'impression de progresser, on voyait concrètement les avancées techniques se succéder, on en ressentait les bénéfices, très directs. C'était un réel partenariat entre les patients et les médecins. Une époque infiniment difficile, mais très exaltante aussi.

L'absence d'information ou les fausses informations délivrées aux patients, les obstacles persistants à l'accès à la dialyse, les malades qui continuaient à mourir faute de traitement, tout cela m'obsédait. J'ai voulu faire quelque chose. C'est ainsi que l'idée de créer une association de patients qui se battrait pour permettre à chacun d'être soigné et à tous d'être informés, réellement informés, est née. Ce n'était pas simple, les moyens de communication étaient très différents de ce qu'on connaît aujourd'hui. Je ne pouvais pas faire cela seul. Alors j'ai démarré un « tour de France ». Par le bouche-à-oreille, j'ai identifié des patients dialysés, dans différentes régions, dont on m'avait dit qu'ils pourraient être intéressés pour participer à un tel projet. Je suis allé les voir, un par un. Je les ai convaincus. Et nous nous sommes lancés : l'Association des insuffisants rénaux, qui allait devenir la Fnair quelques années plus tard, a vu le jour en 1972, avec le slogan : « Informer, s'informer, exiger l'information. » Dès cette époque, les associations régionales se sont développées. D'abord Rhône-Alpes, Languedoc-Roussillon, Alsace, Nord-Pas-de-Calais, Lorraine et Midi-Pyrénées, puis, au fil des années, tout le territoire a été couvert, ainsi que les départements d'outre-mer. En juillet 1973 paraissait le premier numéro de notre « bulletin de liaison », qui allait devenir la principale source d'informations pour beaucoup de patients et de familles. « Le savoir, c'est le pouvoir. » Comprendre les traitements, savoir ce qui allait se passer, les enjeux, c'était là les seuls moyens pour se libérer de la très grande dépendance du public vis-à-vis du monde médical telle qu'elle existait alors, pour rééquilibrer cette relation asymétrique et reprendre un peu de pouvoir sur sa vie et sa destinée.

Très tôt, la Fnair a revendiqué le droit d'être traité, d'accéder à la survie, mais aussi de choisir son traitement à partir d'éléments factuels, médicaux, pratiques ainsi qu'en fonction de ses aspirations personnelles.

La carte sanitaire, mise en place par la loi hospitalière de 1972, a limité de manière drastique le nombre de postes de dialyse en centres. La dialyse à domicile est devenue la seule option possible pour beaucoup de malades. C'était ça ou la mort. Et la survie avait un prix, puisque au départ les patients devaient eux-mêmes acheter leur matériel, dont le coût était considérable. Très rapidement, nous avons milité pour qu'il soit pris en charge et obtenu gain de cause, y compris pour le remboursement de l'eau, de l'électricité et de la charge locative liées à la dialyse. Au-delà des difficultés financières, il y a eu des drames avec la dialyse à domicile. C'est une charge très lourde, lorsqu'on n'y est pas ou mal préparé. Elle ne convient pas à tout le monde. Le conjoint, ou un autre accompagnant, doit participer au traitement, et même s'impliquer fortement dans sa réalisation. De nombreux couples se sont séparés en raison de ce fardeau considérable. Pourtant, dès le départ, nous y avons aussi vu une formidable opportunité, celle de l'autonomisation des personnes. Pour les patients volontaires, bien formés, bien accompagnés, le domicile représentait une chance d'échapper à l'aliénation que représentait la dialyse en centre. Comme souvent, rien n'était tout noir ou tout blanc... Je regrette qu'aujourd'hui ces techniques soient tombées en désuétude, ou presque. Les néphrologues du XXIᵉ siècle considèrent que l'hémodialyse à domicile est trop lourde, trop risquée pour les patients, qu'ils ne seront pas capables de l'assumer, et ils ne les y incitent plus. Pour certains, elle pourrait pourtant représenter une liberté retrouvée, la capacité de devenir acteur de son traitement. L'autonomie, la liberté des horaires, tout cela est précieux. De nouvelles machines, spécifiquement pensées pour le domicile, pour l'hémodialyse quotidienne, arrivent sur le marché depuis quelques années. Très simples à monter, à démonter et à nettoyer, dotées de consommables jetables, elles amèneront peut-être un renouveau de l'autonomie en dialyse... À condition que les mentalités médicales évoluent, elles aussi !

Au fil des années, de nombreux combats ont été menés par la Fnair, pour l'amélioration des traitements, l'information des patients, l'accès à certains médicaments et leur remboursement. En 1978, bien avant la loi sur le droit des malades de 2002, Simone Veil, ministre de la Santé, avait compris qu'il était important qu'ils participent, à côté des médecins, aux décisions sur l'organisation des traitements. Elle a signé un arrêté pour me nommer membre de la Commission nationale d'hémodialyse et de transplantation, un groupe ministériel jusque-là exclusivement composé de néphrologues. C'était une grande victoire pour nous. Je me souviendrai toujours de la première réunion à laquelle j'ai participé. Jean Crosnier, qui présidait la séance, m'a accueilli de manière glaciale. « Monsieur Volle, nous avons vu cet arrêté, mais nous ne comprenons pas ce que vous faites là... » Je me suis dit que ça allait être dur... Aujourd'hui, la présence de représentants des patients, ou plutôt « des usagers », comme il convient désormais de les appeler, est devenue parfaitement naturelle dans ce genre d'instances.

Un peu plus tard, il y a eu l'épisode de l'EPO. Lorsque ce médicament, révolutionnaire pour le traitement de l'anémie, est arrivé en France, les autorités ont voulu en limiter l'accès à un faible pourcentage de malades. Or, pratiquement tous en avaient besoin, pour échapper à tous les risques des transfusions sanguines répétées. Nous avons dû nous battre comme des lions pour obtenir gain de cause.

Pendant très longtemps, la Fnair a eu un positionnement très réservé, voire opposé, à la transplantation. Depuis les drames dont j'avais été le témoin à l'Antiquaille, c'était ma conviction profonde. J'étais et je suis toujours convaincu que durant la première décennie, peut-être même un peu au-delà, la greffe a représenté pour les patients un pari très risqué. Celui d'une vie certes meilleure, libérée de toutes les contraintes de la dialyse, mais à condition de passer le cap de la première année, fréquemment mortelle. J'étais aussi révolté par la manière, trop souvent incomplète, dont les transplanteurs «informaient» les malades pour les convaincre d'accepter ce risque. En 1969, Jean Hamburger écrivait dans *Le Monde* que 80 % des greffes rénales aboutissaient à «un succès définitif», ce qui était évidemment totalement faux. À cette époque, mon impression est qu'au moins la moitié des greffes se soldaient par le décès du patient durant les premiers mois... Ça a bien sûr évolué au fil du temps, l'information est probablement devenue plus honnête, lorsque les résultats se sont améliorés... Mais, jusqu'au début des années 1980, il y a eu une réelle *omertà* sur les taux d'échec des greffes, sur la mortalité des patients et sur la survie des greffons à court et moyen terme. Nous tentions d'obtenir ces chiffres, nous souhaitions qu'ils soient rendus publics, mais nous nous heurtions à des oppositions majeures des équipes. Un jour, j'ai été invité à participer à une grande émission télévisée consacrée à la greffe. Nous étions trois patients, face aux plus grands transplanteurs de l'époque, Hamburger, Dausset, Kreis, etc. Ce sont eux qui ont bien entendu eu l'essentiel de la parole. Ils ont dressé un portrait très flatteur de la transplantation, médecine de pointe, salvatrice, presque miraculeuse... À l'époque, ils n'hésitaient pas à la présenter comme une guérison. Les deux autres malades, qui étaient greffés et allaient bien, n'ont pas dit un mot. Quand j'ai pu enfin m'exprimer, j'ai parlé de la réalité des risques et de la nécessité d'informer les patients. Les médecins n'étaient pas très à l'aise. C'était très nouveau que des patients expriment autre chose que de la reconnaissance éternelle vis-à-vis d'eux... C'était encore plus rare qu'ils aient des demandes, voire des revendications. Et, ce jour-là, elles ont été diffusées à la télévision. J'ai reçu beaucoup de courriers de malades qui m'avaient vu et m'ont remercié d'avoir osé tenir tête aux médecins. À partir de ce moment, j'ai été craint par les médecins. Ils avaient compris que je n'hésitais pas à m'exprimer et que j'avais accès à des tribunes, à des moyens de me faire entendre. Un peu plus tard, ils ont aussi réalisé que j'avais l'écoute du ministère de la Santé, et une certaine influence sur les décisions qui y étaient prises. Et ils ont eu encore plus peur de moi...

Les années ont passé et les résultats de la greffe se sont enfin améliorés sensiblement. De nouveaux traitements sont apparus, pour lutter contre le rejet, les infections, les virus... La ciclosporine a été ramenée du Canada par Maryvonne Hourmant, du CHU de Nantes. Ce nouveau médicament a marqué un véritable tournant, même si les premières années ont été difficiles pour les patients. Les équipes le surdosaient, les effets secondaires étaient majeurs. Il y a eu une courbe d'apprentissage pour le manier correctement.

Nous étions plusieurs à la Fnair à avoir fait le choix de rester en dialyse. Peu à peu, quelques-uns d'entre nous ont fini par se décider pour la greffe, à partir du milieu des années 1980. J'étais très attentif à la manière dont les choses se passaient pour eux. Et, globalement, j'ai vu que c'était positif. Mais je gardais une réticence, probablement un peu entretenue par Guy Laurent. Et puis je n'avais surtout aucune envie d'être greffé à Lyon, pour différentes raisons.

La revue *Fnair* publiait régulièrement des entretiens avec des médecins. L'équipe de transplantation de Nantes faisait beaucoup parler d'elle. Nous avons décidé d'y aller et j'ai rencontré Jean-Paul Soulillou, le chef de service, que j'ai longuement interrogé sur la greffe et ses résultats. Il était très séduisant, très convaincant. Nous nous sommes très bien entendus. Je pense qu'il m'a fait un peu «le grand jeu»... De manière manifeste, la transplantation rénale nantaise de la fin des années 1980 fonctionnait bien. Je me suis laissé convaincre et lui ai demandé de m'inscrire sur sa liste d'attente. Il a accepté immédiatement. Je pense qu'il était heureux que je fasse ce choix, compte tenu de la réputation «antigreffe» qui était la mienne. Je ne sais pas s'il a réalisé à quel point cette décision était difficile pour moi!

Dans les mois qui ont suivi, j'ai été appelé à deux reprises. Chaque fois, j'ai refusé d'y aller... Sans donner de raison particulière. Je n'étais pas prêt, tout simplement. Psychologiquement, cette greffe représentait un gigantesque saut dans l'inconnu. La dialyse était dans ma vie depuis deux décennies. Lourde, difficile, douloureuse mais parfaitement intégrée dans mon existence. Je contrôlais, je maîtrisais tout de la dialyse. Ou, du moins, c'est ce que je pensais. J'avais fondé mon acceptation de la maladie et de ses contraintes sur cette conviction absolue d'avoir fait de manière totalement éclairée le choix du traitement que je pensais être le meilleur pour moi. C'était presque devenu une fierté, un choix de vie, un défi que je relevais jour après jour. L'option greffe remettait tout cela en cause. D'ailleurs je n'ai pas parlé de mon inscription sur la liste d'attente à Guy Laurent, tant j'étais ambivalent...

Un troisième coup de fil est arrivé. Je me souviens que j'étais dans une chaise longue, sur ma terrasse. Mon épouse est venue me dire qu'il fallait que je rappelle Nantes, qu'ils avaient un rein pour moi. J'ai tenté de me relever, très difficilement. J'étais pétri de douleurs ostéo-articulaires. Vingt-deux ans de dialyse, même de très bonne qualité, ça laisse des traces. Les effets secondaires commençaient à devenir très lourds, handicapants, les complications étaient de plus en plus fréquentes. J'ai compris que cette fois je devais me décider. Et je suis allé à Nantes. J'y suis arrivé «les mains dans les poches», sans aucun dossier médical, pas de bilan prégreffe. Soulillou hallucinait, mais il a malgré tout accepté que la procédure suive son cours. On m'a fait quelques examens en vitesse et la greffe a eu lieu. Mon premier souvenir, au réveil, a été un émerveillement devant les magnifiques yeux bleus de l'infirmière qui s'occupait de moi. J'ai immédiatement su que tout allait bien. Nous étions en 1989. Aujourd'hui, plus d'un quart de siècle a passé et cette greffe fonctionne toujours. Ma vie a été transformée, même si les conséquences de ma longue période de dialyse pèsent très lourd. Mon unique regret est d'avoir pris la décision de la greffe probablement un peu trop tard. Deux ou trois ans de dialyse en moins auraient été les bienvenus et mon organisme aurait été un peu moins abîmé.

Je suis donc rentré à Lyon au bout de quelques semaines, greffé et en pleine forme. Plusieurs patients dialysés depuis très longtemps à Tassin ont décidé de faire le même choix que moi et sont partis se faire transplanter à Nantes.

La Fnair a commencé à changer de discours sur la greffe, mais en restant néanmoins très prudente. Aujourd'hui, beaucoup de progrès ont encore été faits, il est clair pour tout le monde qu'elle représente le meilleur traitement, bien supérieur à la dialyse, qui a d'ailleurs peu progressé, faute d'innovations technologiques mais aussi en raison des freins « organisationnels » à l'optimisation du traitement...

La Fnair a sans aucun doute gagné son combat quant à l'information sur la greffe. Désormais, les patients en consultation préalable à l'inscription se voient le plus souvent exposer l'ensemble des risques, les courbes de survie et doivent signer un consentement très détaillé. Le paradoxe, c'est que le symétrique n'existe absolument pas. Il y a très peu d'information sur les risques de la dialyse, alors qu'ils sont désormais, pour beaucoup de patients, bien plus importants que ceux de la transplantation. Tout se passe comme si la dialyse était un traitement anodin, « habituel », et que la greffe relevait encore de l'exception. C'est sans doute là que se situe un des prochains combats à mener, pour que les patients soient réellement complètement informés et que les mentalités évoluent...

The time of my life

Claude Jacobs

Claude Jacobs s'est engagé en néphrologie à Paris au début des années 1960. Après avoir exercé à l'Hôtel-Dieu puis à l'hôpital Foch aux côtés de Marcel Legrain, il a dirigé le service de néphrologie de la Pitié-Salpêtrière.

J'ai été reçu à l'internat de Paris en 1958, et il a fallu que je commence par vingt-huit mois de service militaire pour cause de guerre d'Algérie! À mon retour à Paris, en 1961, j'avais une voie toute tracée: la gastro-entérologie, dont j'avais entrepris le CES (certificat d'études spécialisées). J'allais ainsi pour longtemps enfiler des endoscopes dans la bouche et dans l'anus des patients... Mais six mois d'internat dans l'unité des maladies métaboliques et de dialyse de l'Hôtel-Dieu, alors dirigée par le professeur Maurice Dérot, ont changé le cours de ma vie professionnelle.

En 1965, ce service disposait d'un des deux seuls reins artificiels de Paris, avec celui de Necker, dont s'occupait Jacques Vantelon, dans le service du professeur Hamburger. J'ai vite compris que c'était une voie d'avenir. À cette époque, il n'était pas du tout question de traiter des « urémiques chroniques », ces patients dont les reins ne fonctionnaient plus de manière définitive et qui étaient promis à une mort certaine.

À l'Hôtel-Dieu, la dialyse était réservée à ceux dont les reins étaient bloqués temporairement et dont on savait qu'ils pourraient reprendre une vie normale à l'issue de quelques séances de dialyse. Ces insuffisances rénales aiguës étaient provoquées principalement par des avortements clandestins ayant entraîné une infection généralisée, plus rarement par des erreurs transfusionnelles, des septicémies graves ou encore des écrasements de membres qui libéraient les pigments toxiques contenus dans les muscles. En moins de trois ans nous avions traité plus de cinq cents patientes victimes d'infections dues à un avortement clandestin. Presque toutes avaient survécu. Sans dialyse, la plupart auraient succombé. Le rein artificiel leur permettait de passer un cap de quelques jours ou quelques semaines. Puis leurs reins se régénéraient. Et la vie repartait.

Malheureusement, les deux seuls postes de dialyse disponibles à Paris ne permettaient pas de traiter toutes les patientes, qui arrivaient de toute la moitié nord de la France... Les décisions à prendre étaient souvent très douloureuses. Entre deux jeunes femmes de 18 et 22 ans, comment choisir celle qui allait vivre ? Il fallait agir vite. Souvent nous retenions la plus jeune. Ou celle qui était déjà mère.

C'était un autre monde...

Les gens d'aujourd'hui ne peuvent se rendre compte de ce qu'étaient les difficultés de la vie et de la maladie dans les hôpitaux au début des années 1960. De ce que c'était de lutter pour permettre aux patients de rester en vie. Mais c'était aussi des moments exaltants. On sauvait des gens qui, quelques années plus tôt, n'auraient eu aucune chance. C'était extraordinaire d'arracher littéralement à la mort ces jeunes femmes qu'on avait reçues livides, moribondes, dans des états terribles. Elles repartaient en forme, sur leurs jambes. Des miraculées.

Il était évidemment inconcevable de traiter les patients dits «chroniques», dont on savait qu'ils auraient besoin d'être dialysés de manière définitive. Ils auraient monopolisé nos machines durablement, condamnant à mort les patients aigus qui, eux, avaient toutes les chances de s'en sortir en quelques séances et de guérir définitivement.

Nous n'avions pas d'autre choix que de laisser mourir les très nombreux patients «chroniques». La spécialité de néphrologie n'existait pas encore, ils étaient suivis par des médecins généralistes qui les envoyaient à l'hôpital quand leur situation devenait désespérée... Ils nous arrivaient, en général dans l'urgence, avec 4 à 6 grammes d'urée sanguine.

Un demi-siècle plus tard, personne ne se souvient plus du contexte extrêmement pénible de la mort par urémie. Cela durait des jours et des jours. On n'avait aucun moyen efficace pour adoucir ces lentes agonies. Les soins palliatifs n'existaient pas. On ne pouvait au total leur procurer que des soins d'hygiène de base. Notre détresse s'ajoutait à celle des patients et de leur famille. Faute de pouvoir mieux les accompagner, on essayait de se préserver. On les mettait dans des chambres individuelles et on refermait la porte sur eux, pour ne pas trop les voir ni les entendre… Contrairement à ce qu'on croit souvent, le coma urémique n'est en général pas paisible. Certains malades criaient, pas tant parce qu'ils souffraient qu'en raison des toxines qui avaient envahi leur cerveau. Parfois, la situation devenait trop insupportable, pour les malades comme pour l'équipe soignante. Il faut avouer qu'il nous arrivait quelquefois d'« intervenir » pour mettre fin à leurs souffrances, en hâtant leur mort…

Et puis, finalement, quelques-uns ont pu commencer à échapper à ce funeste destin.

En 1966, un soir, vers 22 h 30, une ambulance venant de Bretagne arrive à l'Hôtel-Dieu. Elle transporte un homme de 35 ans, médecin, en insuffisance rénale chronique terminale. Il parvient à répondre à des questions simples, mais son état est grave. Les consignes sont claires, son destin est scellé, il est hors de question de le dialyser. Il va mourir. Pourtant, je ne peux me résoudre à condamner cet homme jeune, médecin, d'un an mon aîné. J'appelle le patron, Maurice Dérot, et je m'entends dire : « Jacobs, faites comme vous voulez, selon votre conscience ! »

En urgence, je dénude les vaisseaux. Je le dialyse. Une fois, puis deux… Et il récupère rapidement. À l'issue de la troisième séance, il se promène dans les couloirs de l'Hôtel-Dieu. Il est désormais inconcevable d'arrêter son traitement…

Il sera dialysé pendant deux ans, avant de recevoir une première greffe, provenant d'un rein de donneur décédé : un échec. Finalement, sa sœur lui donnera un rein en 1970. Plein succès cette fois, qui lui permettra de reprendre le cours de son existence et son activité médicale. Celui qui aurait dû mourir à 35 ans est désormais un vieux monsieur de 82 ans. Je ne sais pas s'il est toujours en vie, mais c'est probable : à ce jour, son nom figure toujours dans l'annuaire des Pyrénées-Atlantiques, où il résidait.

Il a été le premier dialysé chronique de l'Hôtel-Dieu.

En 1966, j'ai rejoint le professeur Marcel Legrain, chef du service de néphrologie à l'hôpital Foch.

L'établissement n'était pas doté des moyens permettant de débuter la dialyse chronique. Là aussi, on ne faisait que de « l'aigu ».

Jusqu'à ce qu'un patient danois, très fortuné, change le cours des choses. Âgé de 55 ans, il avait une polykystose rénale[1] au stade terminal. À Copenhague, ses médecins ne lui avaient laissé aucun espoir : pas de dialyse... Il devait se résoudre à voir sa vie s'achever.

Il se trouve qu'il était follement épris d'une jeune Parisienne, ce qui était la raison de son séjour prolongé à Paris. C'est ainsi qu'il est arrivé à l'hôpital Foch. Amoureux et moribond. Marcel Legrain lui avait indiqué que le traitement existait mais que la répétition des séances de dialyse n'était pas envisageable, faute de moyens...

---

1. Maladie rénale génétique et héréditaire assez fréquente caractérisée par le développement de nombreux kystes sur les reins, dont la taille augmente peu à peu. L'évolution vers l'insuffisance rénale terminale est variable, souvent tardive.

Qu'à cela ne tienne! Sur sa fortune personnelle, il a proposé de financer l'achat du matériel, permettant l'installation de deux reins artificiels provenant de Seattle. Ces deux machines ont permis que notre ami danois soit traité, ainsi que plusieurs autres patients «chroniques». L'histoire s'est accélérée. Avec deux machines et à raison de deux séances par jour, tous les jours, douze premiers malades ont pu être pris en charge «au long cours». Douze, seulement... Des élus qui ont longtemps saturé ces premiers postes... Car rien n'était gagné! Depuis le début, l'Assistance publique (AP) était opposée au développement de la dialyse chronique dans ses établissements. Lyon avait cinq ans d'avance sur la capitale... Aucune prise en charge spécifique n'était prévue dans les textes, cela coûtait excessivement cher, financièrement, en espace et en personnel.

Je me souviens d'une réunion consacrée à ce sujet, dans une belle villa du XVIe arrondissement, où se sont retrouvés Jean Hamburger, Gabriel Richet et tous les grands noms de la discipline émergente qu'était la néphrologie. Les consignes ont été claires: la dialyse, à Paris, c'était hors les murs de l'AP! Cela a conduit à ce que les unités de dialyse chronique à l'AP soient mises en place tardivement et à ce qu'elles restent de second plan... En tout cas jusqu'à ce que la dialyse chronique se généralise et que, au cours des dernières années, la tarification à l'activité la rende hautement rentable et donc fortement soutenue!

Ces choix stratégiques ont aussi été à l'origine de la création de l'Association pour l'utilisation du rein artificiel (Aura), permettant à la fois le développement de la dialyse à domicile et de structures de dialyse extra-hospitalières en région parisienne.

Jusqu'au milieu des années 1970, la dialyse chronique s'est développée progressivement sur le territoire national mais n'était toujours pas accessible à tous ceux qui en auraient eu besoin. Après la sélection « sauvage » des premiers temps, qui reposait largement sur la chance et les « réseaux », on est passé peu à peu à des critères plus médicaux : les plus âgés et ceux qui avaient une autre pathologie associée, comme un diabète ou une maladie systémique[2] (lupus, amylose), ont longtemps eu très peu de chances d'être traités...

Malgré toutes ces difficultés, cette période a été extraordinaire. *The time of my life*. Quand on a commencé à traiter les patients chroniques, la durée possible de leur survie était complètement inconnue. On les soignait au jour le jour. On n'imaginait pas une seule seconde que c'était parti pour des années. Qu'ils allaient vivre ainsi des vies entières !

On était des marins sur le pont tous les jours, de 8 heures à 22 heures. On ne comptait pas les heures, on travaillait tout le temps. On avait conscience de vivre une merveilleuse avancée médicale, technique et scientifique... Mais ce qui nous portait, avant tout, sur le terrain, c'était le service rendu aux malades. C'était le début d'une formidable aventure. Qui se poursuit aujourd'hui.

À l'heure actuelle, on estime que près de cinq millions de personnes survivent grâce à la dialyse dans le monde. Ils sont encore bien plus nombreux à mourir, faute d'accès au traitement, dans les nombreux pays où il reste inaccessible.

---

2. Maladie inflammatoire ou immunologique touchant plusieurs organes.

Un grand patron

Paul Jungers

Paul Jungers est un des élèves de Jean Hamburger. Il a réalisé l'ensemble de sa carrière hospitalo-universitaire de néphrologue à l'hôpital Necker.

Jean Hamburger était impressionnant. C'était un patron séduisant mais redouté. Il portait en toutes circonstances son fameux costume et son col celluloïd amidonné. Y compris en plein été, par 40 °C... Il régnait sur son univers, faisait de la supervision générale, il était tout-puissant. On lui présentait les dossiers des patients une fois par semaine, dans une ambiance de recueillement et de respect protocolaire. Il y avait souvent plus d'une centaine de malades dans le service... Personne n'aurait eu l'idée de tutoyer Hamburger. D'ailleurs, tout le monde se vouvoyait à l'époque. C'était un autre temps.

C'est en janvier 1951 que Jean Hamburger est arrivé à Necker, nommé à la tête du vieux service de médecine. Il venait de Broussais, où il avait été l'agrégé du professeur Louis Pasteur Vallery-Radot, petit-fils de Louis Pasteur. Gabriel Richet a toujours été son préféré, il l'avait suivi depuis Broussais. C'était un clinicien hors pair. À l'époque, poser un diagnostic s'apparentait souvent à résoudre une enquête policière. L'inspecteur Richet excellait dans ce domaine...

Immédiatement, Hamburger a été marqué par la vétusté des lieux et par les conditions dégradantes dans lesquelles les malades étaient soignés. C'étaient de grandes salles communes de vingt lits, sans aucune intimité, les examens gynécologiques se faisaient devant tout le monde. La dignité des patients était totalement méprisée, Hamburger ne l'a pas supporté. Très rapidement, il a pris les choses en main et réclamé l'humanisation de l'hôpital. Il savait déjà comment utiliser les médias. *France Soir* et *Paris Match* ont publié des articles sur l'état déplorable de Necker, avec des photos illustrant la précarité des lieux. Très vite, Hamburger a obtenu que les salles Foucher et Lefort soient rénovées et que des cloisons soient installées pour isoler chaque lit. À partir de ce moment-là, chaque fois qu'il voulait obtenir quelque chose de l'hôpital, il menaçait d'appeler les journalistes et obtenait gain de cause... Il faut dire que les grands patrons de presse, Pierre Lazareff pour *France Soir* et Hubert Beuve-Méry pour *Le Monde*, connaissaient bien le service. Quand ils s'y rendaient, il y avait des gorilles dans les couloirs, des estafettes à chaque sortie de l'hôpital et une activité hors du commun tout autour de Necker.

Hamburger avait une mémoire et une intelligence extraordinaires, mais aussi une réelle capacité de passer du concept à l'action, un sens de l'organisation hors du commun. Sa vision de la médecine avait trente ans d'avance, il a été sans aucun doute l'inventeur de la médecine scientifique... Très rapidement, il a transformé son service à Necker en un centre prestigieux de recherche sur les traitements des maladies rénales, une discipline totalement nouvelle. Il avait un formidable moteur : l'orgueil. De lui-même, mais aussi de la néphrologie, qu'il avait fondée et qu'il incarnait.

Pour Marius Renard, par exemple, ce qu'il a fait était une transgression absolue, mais il avait la certitude que ses objectifs lui donnaient le droit de passer outre toutes les règles. Il a passé un simple coup de fil au procureur et a obtenu tous les feux verts, sans réserve.

La greffe, c'était son sujet, sa passion, sa priorité.

Mais, en parallèle, il s'intéressait aussi au traitement de l'insuffisance rénale aiguë... Trois méthodes existaient alors, dans les années 1950 : la dialyse péritonéale, la dialyse intestinale, qui a totalement disparu depuis, et l'hémodialyse, ou rein artificiel, mise au point par le médecin hollandais Willem Kolff pendant la Seconde Guerre mondiale puis perfectionnée par John Merrill à Boston. Dès 1954, Hamburger a envoyé Gabriel Richet à Boston. Celui-ci en a rapporté un rein artificiel, qu'il a commencé à modifier, à améliorer... L'insuffisance rénale aiguë, qui était jusque-là très largement mortelle, est devenue presque toujours guérissable. Mais le problème des malades chroniques restait très douloureux. Ils venaient par centaines à Necker, pour y mourir. Les médecins étaient impuissants et tentaient de maintenir l'espoir, alors qu'il n'y en avait aucun. Ils allaient jusqu'à modifier les pancartes pour que les patients et leurs proches restent dans l'ignorance de l'augmentation irréversible de leur taux d'urée et de la proximité de l'issue fatale.

Il a fallu attendre 1960 et le congrès d'Évian, lors duquel Belding Scribner a présenté ses quatre premiers patients, maintenus en vie depuis plus d'un an, mais aussi son accès vasculaire, le *shunt* qui porte son nom, pour que le traitement des patients chroniques puisse être envisagé. Entre décembre 1961 et 1964, Trente-sept patients ont été dialysés de manière chronique à Necker. C'était une période héroïque, les malades nous arrivaient en tout bout de course, dans des états catastrophiques, les *shunts* se bouchaient ou se déconnectaient, les incidents pendant les séances étaient fréquents. La puissance d'épuration du rein artificiel était très faible. L'esprit de cette dialyse était juste de maintenir les gens en vie dans l'espoir de les greffer rapidement, pas du tout de les faire aller bien durablement. Ils ne faisaient qu'une seule séance de huit à douze heures par semaine, épuisante, très mal tolérée. Le reste du temps, ils étaient soumis à un régime drastique, très limité en liquides, en protéines et en sel, ce qui conduisait très vite à une dénutrition avancée. Ils étaient très anémiés et leur hypertension était non contrôlée. Seulement dix-sept malades ont pu survivre quelques mois et être transplantés. Ces résultats étaient mauvais et ont suscité beaucoup de critiques de la part du monde médical. Pour Hamburger, la dialyse chronique ne devait représenter qu'un pont vers la greffe et pas une fin en tant que telle.

Une question extrêmement difficile s'est rapidement posée : face à l'afflux de malades en phase terminale qui arrivaient à Necker, comment pouvions-nous choisir ceux qui allaient vivre et ceux qui allaient mourir ?

L'équipe pionnière de Seattle avait apporté une réponse en mettant en place un comité d'éthique, également appelé «tribunal des dieux». Il réunissait un chirurgien, un religieux, un avocat, un banquier, un représentant de l'État, un syndicaliste et une femme au foyer, ainsi que deux médecins qui avaient le rôle de conseillers. Tous ses membres étaient blancs et tous sauf une étaient des hommes. La dialyse était réservée à ceux qui avaient plus de 25 ans et moins de 45 ans. L'objectif affiché était la réhabilitation, c'est-à-dire la possibilité de retrouver une utilité sociale, professionnelle ou familiale. Il fallait aussi pouvoir financer son traitement, 30 000 dollars pour trois ans, soit environ l'équivalent de 150 000 euros aujourd'hui. La très large majorité des patients retenus étaient des hommes, blancs, issus de classes sociales élevées.

Rapidement le tribunal fut l'objet de lourdes critiques. En 1967, dans une revue juridique, un professeur de droit et un psychiatre publièrent un article qui l'accusait d'être « pollué par les préjugés et les clichés » et le décrivait comme « la bourgeoisie épargnant la bourgeoisie ».

Ceux qui n'étaient pas retenus pour l'hémodialyse avaient la possibilité d'accéder à la dialyse péritonéale, à condition là aussi de financer eux-mêmes leur traitement. On a vu fleurir dans les quartiers des fêtes de charité, organisées par les familles, qui faisaient des appels aux dons du voisinage. Une fois les montants nécessaires réunis, les malades achetaient d'énormes bonbonnes de liquide de dialyse, totalement intransportables, et se retrouvaient entre eux, la nuit, dans de gigantesques hangars, pour se traiter...

Finalement, en 1972, un patient qui avait été rejeté par le « tribunal des dieux » se rendit au Congrès américain et effectua une séance de dialyse devant les parlementaires, tout en livrant un vibrant plaidoyer. Il obtint la prise en charge financière de la dialyse par le gouvernement. Le tribunal fut abandonné, mais son histoire a profondément marqué les esprits...

Jean Hamburger, fidèle à sa vision de la transplantation rénale comme unique thérapeutique durable, opta quant à lui pour une attitude bien différente. L'hémodialyse chronique de Necker était réservée à des patients en attente d'une greffe, le plus souvent provenant d'un donneur vivant. La dialyse ne devait durer que quelques mois. Ainsi, nous nous retrouvions tous dans une grande salle de réunion du troisième étage de l'hôpital, où chacun présentait son malade et racontait son histoire, sous l'angle exclusif de la faisabilité de la greffe. Les choix étaient plus « simples », mais étaient-ils éthiques pour autant ? La pression sur les familles pour trouver un donneur vivant était bien entendu majeure. Et nombre de patients restaient condamnés à un funeste destin. Les années passant, la situation devenait intenable, y compris pour Hamburger.

Alors, sous son impulsion, le tout premier colloque de santé publique organisé par l'Inserm fut consacré à la dialyse. Tous les néphrologues des CHU de France, les représentants du ministère de la Santé et de la Sécurité sociale se réunirent le 16 novembre 1966. À peine une centaine de patients étaient traités en France cette année-là. Des données épidémiologiques furent présentées, qui montraient que les besoins étaient à hauteur de 1250 nouveaux cas chaque année. Cela signifiait que, sous dix ans, il faudrait traiter pas moins de 10 000 patients par dialyse chronique. Un plan d'action concret, avec des objectifs et un calendrier précis, fut établi. Le principe de la présence dans chaque CHU de France d'une unité de dialyse de douze à quinze postes, associée à des unités satellites, fut décidé. Les grandes lignes de l'organisation de la dialyse en France et de sa « carte sanitaire », qui définissait un nombre de postes par territoire et allait rester en vigueur durant les trois décennies suivantes, étaient nées. Trois ans plus tard, en 1969, plus d'un millier de patients étaient traités en France : l'hémodialyse entrait dans sa phase d'expansion...

À Necker, la situation des patients dialysés s'améliorait très régulièrement, avec les progrès apportés à la fois à l'abord vasculaire (la fistule artério-veineuse remplaça rapidement le *shunt*) et au générateur de dialyse (nouvelles membranes[1] plus efficaces, ultrafiltration[2], etc.). Le format désormais classique de trois séances de quatre heures par semaine était adopté. L'hémodialyse à domicile et l'autodialyse[3] se développaient également. On passait du stade de la survie à celui de la vie. De l'exception à l'industrialisation. Les patients aspiraient désormais à reprendre leur place dans la société, mais la lourdeur et les contraintes du traitement restaient importantes. C'est ainsi que virent le jour des spécialités qu'on pourrait aujourd'hui qualifier de « soins de support ». Les assistantes sociales spécialisées en néphrologie eurent rapidement un rôle majeur, pour retrouver du travail aux patients, leur garantir des ressources, un logement à proximité de l'hôpital ou du centre qui allait les traiter... La nutrition fit aussi de grands progrès. On était désormais très loin des régimes hyper-restrictifs des années héroïques, mais les contraintes diététiques

---

1. La dialyse nécessite le recours à une membrane semi-perméable, au travers de laquelle certaines molécules vont passer du sang, solution la plus concentrée, vers le liquide de dialyse, solution la moins concentrée. Les caractéristiques de la membrane utilisée permettent de contrôler la nature des molécules à dialyser.

2. Fonctionnalité de la dialyse qui permet durant la séance de soustraire le liquide en excès dans le sang et de faire perdre le poids accumulé entre les séances.

3. Modalité de l'hémodialyse dans laquelle le patient réalise lui-même la plupart des gestes nécessaires à son traitement (préparation, montage et démontage de la machine, surveillance, parfois les ponctions...) dans un lieu de traitement situé à proximité de son domicile, dans un environnement peu médicalisé (présence d'une infirmière).

restaient majeures. Des diététiciennes spécialisées s'occupèrent de ces patients et leur apportèrent une aide précieuse. Malgré tout, leur vie restait difficile et souvent diminuée, et les dépressions étaient très fréquentes. La nécessité d'un soutien spécifique s'imposa et le centre de dialyse de Necker se dota d'une psychologue dédiée...

Dix ans exactement après les premières dialyses chroniques, tout était en place pour que bientôt tous ceux qui en avaient besoin puissent être traités.

C'est à peu près à cette époque que le drame de l'hépatite B a commencé. En effet, l'hémodialyse exposait au sang malades et soignants. L'isolement des patients contaminés et le recours en cas d'exposition à des injections intramusculaires de gammaglobulines spécifiques, extrêmement douloureuses, étaient les seules mesures de prévention possibles. Mais le virus était tellement contagieux que c'était insuffisant. Il se propageait.

Ainsi, un patient démarrant l'hémodialyse avait une « chance » sur deux d'être contaminé au bout d'un an de traitement. Cette probabilité s'élevait à 10 % pour le personnel soignant. Aucun centre de dialyse n'était épargné. Parfois la maladie passait inaperçue. Souvent elle épuisait ceux qu'elle frappait. Leur peau devenait verte ou marron. Ils ne pouvaient plus avaler quoi que ce soit. L'hépatite pouvait devenir chronique, surtout chez les patients dialysés, dont le système immunitaire était défaillant. Une tragédie était en train de se jouer.

C'est la mort d'une toute jeune infirmière qui sortait juste de l'école qui a tout déclenché. Elle travaillait en dialyse à Necker et a été exposée à du sang contaminé. Le virus a entraîné une réaction fulminante, qui a détruit son foie en quelques jours. Très vite, on a su qu'elle était condamnée. Les greffes de foie n'avaient pas réellement démarré, ce n'était pas une option. Jean Hamburger ne supportait pas l'idée qu'elle puisse mourir. Il avait même évoqué avec les spécialistes la possibilité d'une circulation sanguine croisée avec un chimpanzé. Il espérait que ça puisse la maintenir en vie le temps que son foie se régénère. Mais cela ne put être mis en œuvre à temps. Elle mourut. Elle avait à peine 20 ans.

Ce drame a sans doute accéléré dans les esprits, à Necker en tout cas, la conscience de l'urgence de la mise au point d'un vaccin.

Philippe Maupas était un jeune chercheur passionné, travaillant au CHU de Tours. Il s'était intéressé très tôt au virus de l'hépatite. Dès 1975, il avait mis au point un vaccin, en utilisant des antigènes présents dans le sang de porteurs chroniques du virus. Après l'avoir testé avec succès chez des chimpanzés, il passa la même année, sans attendre les autorisations, à des essais chez l'homme et fut le premier à se vacciner. Puis il proposa le vaccin à des membres volontaires du personnel soignant et à des patients du service d'hémodialyse de l'hôpital de Tours. Et on constata que les patients vaccinés produisaient des anti-corps[4]... Les premiers résultats étant très encourageants, Philippe Maupas confia donc la production du vaccin à l'Institut Pasteur.

---

4. Le but principal des vaccins est de stimuler les défenses naturelles de l'organisme (le système immunitaire) afin d'induire la production d'anticorps dirigés contre la maladie infectieuse dont on souhaite le protéger. En cas d'exposition ultérieure à cette maladie, les anticorps présents permettront à l'organisme de la reconnaître et d'empêcher la contamination.

Jean Hamburger et Gabriel Richet avaient des liens permanents avec les chercheurs de Pasteur, vers lesquels ils se tournaient en cas de problèmes infectieux graves ou nouveaux. Stimulé par ces néphrologues influents, l'institut a très vite compris l'intérêt de se lancer à fond dans la mise sur le marché de ce vaccin. Sa production était très complexe puisqu'elle nécessitait de disposer d'importantes sources de plasma provenant de patients chroniques, porteurs du virus. Il fut décidé d'avoir recours aux donneurs de sang bénévoles. Ceux qui étaient porteurs de l'antigène de l'hépatite B étaient jusque-là dépistés et exclus du don... À la demande de l'Institut Pasteur, leur plasma a pu être utilisé pour obtenir ces grandes quantités d'antigènes.

La question de la production du vaccin était résolue.

Mais, avant de l'utiliser à grande échelle, il fallait prouver complètement son efficacité et son innocuité, ce qui ne pouvait être fait que de manière très rigoureuse. D'autant que sa portée serait mondiale... Jean Hamburger savait que les Américains travaillaient aussi sur le sujet. Il devait être irréprochable.

Il fut décidé qu'un essai randomisé devait être réalisé. Il fallait y faire participer un nombre suffisant de personnes non contaminées mais «à risque», des patients dialysés et des soignants.

Chacun d'entre eux recevrait de manière aléatoire le vaccin ou un placebo, sans connaître la nature du produit qui leur avait été attribué. Puis on suivrait dans le temps l'évolution des contaminations dans chacun des deux groupes, ceux qui avaient été réellement vaccinés et les autres.

L'idée d'un tel essai était très mal connue en France, à la fin des années 1970, et paraissait totalement inacceptable pour la plupart des médecins de l'époque. Ils y voyaient une monstruosité, n'admettant pas la prise de risque du groupe «témoin», qui allait, sans le savoir, recevoir le placebo et ne serait donc pas protégé contre le virus.

Jean Hamburger a d'abord convoqué tous les néphrologues de France à l'Institut Pasteur pour leur présenter le projet d'essai et les convaincre d'y participer. Ça a été un tollé absolu. Hamburger était découragé, mais il a vite réagi : il a envoyé à chaque centre de dialyse un courrier expliquant les enjeux de la vaccination, l'importance de l'essai et demandant de recenser le nombre de patients, de médecins et d'infirmières non encore contaminés. Tous les centres de France ont répondu, sauf un.

Mais de nombreuses questions éthiques liées à l'essai restaient entières. C'était difficile, sensible. Il a fallu plusieurs mois de préparation et de réflexion ainsi que la mise en place par Jean Hamburger d'un comité d'éthique, préfigurant le Comité consultatif national d'éthique (CCNE) qui serait créé par François Mitterrand quelques années plus tard.

L'essai a finalement pu démarrer en 1979. Ce fut l'un des tout premiers grands essais cliniques randomisés en France... Malgré toutes les précautions prises, il y eut beaucoup d'incidents. Les échantillons de sang étaient envoyés par la poste, des tubes étaient cassés dans les boîtes, des contaminations ont eu lieu dans les secrétariats... Pourtant, les prélèvements arrivaient et les résultats ne tardèrent pas : au onzième mois de l'essai, l'efficacité du vaccin était établie sans aucun doute possible.

Pendant ce temps, Philippe Maupas, le jeune prodige inventeur du vaccin, avait continué à se mobiliser contre le fléau que représentait le virus dans certains pays, notamment le Sénégal. Il cherchait aussi, en y rendant possible une vaccination de la population à large échelle, à prouver le lien entre l'hépatite B et le cancer primitif du foie. Une collaboration très fructueuse fut mise en place, par l'intermédiaire de l'OMS. Les résultats de ses recherches faisaient de lui un futur candidat au prix Nobel. Philippe Maupas fit de très nombreux déplacements. En 1981, au retour d'une mission au Sénégal, il se tua dans un accident de voiture entre Roissy et Tours. Il avait 41 ans.

La même année, le vaccin qu'il avait mis au point était sur le marché et la vaccination à grande échelle put commencer : d'abord celle des patients hémodialysés puis du personnel des services de néphrologie, de réanimation, puis de cardiologie, toutes activités où l'exposition au sang était également fréquente. Enfin, une extension à tous les sujets « à risque ». Aujourd'hui, elle reste obligatoire pour tous les professionnels de santé et systématique pour tous les patients qui vivent avec une maladie rénale et pour lesquels la dialyse est envisagée.

Donneurs!

Alain Tenaillon

Alain Tenaillon est médecin réanimateur. Il a fondé et dirigé le service de réanimation de l'hôpital d'Évry avant de consacrer les dernières années de sa carrière à l'organisation du prélèvement et de la greffe à l'Agence de la biomédecine[1].

Lorsque j'avais 10 ans, j'ai entendu à la radio une émission sur les enfants bleus, porteurs d'une malformation du cœur congénitale et qui, grâce aux premiers progrès de la chirurgie cardiaque, avaient désormais une chance de survie. J'ai su que c'était ce que je voulais faire : soigner des gens condamnés. Je ne me suis plus jamais posé la question, je l'ai fait. C'est aussi sans doute pour cela que

---

1. Établissement public à caractère administratif français qui intervient dans quatre grands domaines d'activité : la transplantation d'organes, de tissus et de cellules, la procréation, l'embryologie et la génétique humaine. Créée dans le cadre de la révision des lois de bioéthique du 6 août 2004, elle a repris les missions de l'Établissement français des greffes. Dans le cadre des greffes d'organes, l'agence gère notamment la répartition des greffons et la liste nationale des malades en attente de greffe.

j'ai choisi la réanimation. Et je n'ai jamais regretté cette décision, je me suis toujours fait plaisir dans ce métier.

J'ai croisé très tôt le chemin du don d'organes. Jeune interne, j'avais travaillé chez le professeur Goulon qui, avec le professeur Mollaret, avait décrit ce qui allait devenir la mort encéphalique. En effet, en 1958, ils avaient publié dans une revue de neurologie un article consacré à des patients qui, sous ventilation artificielle, avaient évolué vers un coma très profond, caractérisé non seulement par une disparition totale de la conscience mais aussi par une disparition totale de tout contrôle végétatif[2]. De fait, ces patients, bien qu'apparemment vivants, n'avaient plus d'activité ni de circulation cérébrales ; leur cerveau était donc totalement détruit. Goulon et Mollaret avaient appelé l'état de ces patients « coma dépassé », pour bien montrer que cette situation était irréversible, sans pour autant, à l'époque, affirmer qu'ils étaient morts. La description de cet état clinique si particulier n'avait été possible que grâce au développement de la ventilation mécanique qui, en empêchant l'arrêt respiratoire qu'aurait dû entraîner la destruction du cerveau, permettait la survie temporaire de ces malades. Cette découverte n'a donc rien à voir, contrairement à ce qui a souvent été avancé, avec le prélèvement d'organes, qui à cette période n'était pas du tout évoqué. Quelques années plus tard, à l'étranger, certaines équipes de réanimation ont avancé que ce maintien en vie artificielle n'avait aucun sens, compte tenu de l'irréversibilité de la destruction du cerveau. Elles proposèrent alors d'arrêter

---

2. Régulation par le cerveau des grandes fonctions physiologiques, par exemple pression artérielle, fréquence cardiaque, respiration, température, etc.

toute réanimation dès lors qu'un patient était en coma dépassé. Cette pratique s'est ensuite peu à peu généralisée.

En 1968, soit dix ans plus tard, le comité *ad hoc* sur la mort cérébrale, créé à Harvard en 1967, publia un rapport qui affirmait que les patients en état de coma dépassé étaient morts et que l'arrêt des techniques de réanimation était donc licite. Cette destruction cérébrale, qu'on a alors commencé à appeler «mort encéphalique», est devenue la définition légale de la mort. À cette époque, les prélèvements d'organes effectués sur des cadavres en vue de greffe avaient commencé. La question s'est alors posée de les étendre à ces personnes en état de mort encéphalique dont les organes étaient préservés par la réanimation. La même année, en France cette fois, la circulaire Jeanneney reconnaissait elle aussi le coma dépassé comme étant la mort légale. La publication de cette circulaire a eu lieu juste avant la réalisation de la toute première greffe cardiaque en Europe, par le professeur Christian Cabrol. Ce concours de circonstances a malheureusement toujours laissé planer un doute sur une collusion entre les deux événements...

En cette fin des années 1960, tout était donc en place pour que le prélèvement d'organes sur donneurs décédés en vue de greffe puisse se développer. Dans les rares lieux où quelques greffes rénales étaient réalisées, les équipes d'anesthésistes-réanimateurs étaient au courant de cette possibilité, notamment dans quelques réanimations neurochirurgicales qui, de fait, avaient des patients en état de mort encéphalique.

Pourtant, dans la très grande majorité des hôpitaux, on était encore très loin de tout cela et personne ne pensait au don d'organes. Ainsi, je n'ai jamais entendu parler de la notion de prélèvement d'organes, que ce soit dans mon entourage professionnel ou dans les congrès ou publications présentées à la Société de réanimation de langue française, jusqu'à la fin des années 1980. Je n'ai commencé à m'intéresser au don d'organes qu'en 1989, lorsque l'on m'a demandé de participer à un groupe de travail de l'AP-HP consacré à ce sujet. Je m'y suis dès lors définitivement impliqué.

Au début des années 1990, je dirigeais le service de réanimation de l'hôpital d'Évry. Avec mon équipe, rapidement convaincue, nous avons donc décidé de nous lancer dans le prélèvement d'organes. Malgré le soutien de l'administration, nous avons fait face à une importante opposition des personnels du bloc opératoire, tant chirurgiens qu'anesthésistes et infirmières. Cette opposition, tous ceux qui ont voulu débuter cette activité l'ont, je crois, rencontrée… Elle est toujours complexe et liée à divers problèmes. Le premier est la peur du changement : introduire une nouvelle activité dans une équipe organisée augmente la charge de travail, impose une modification des routines, ce qui est toujours mal ressenti. Le deuxième est le caractère particulier de cette activité, qui est non programmée et réalisée en général par des chirurgiens extérieurs aux équipes de l'hôpital. Le troisième, sans doute le plus important, est philosophique et déontologique : « Le bloc opératoire a pour objet de sauver des vies, et pas de disséquer des morts » ; « Ces personnes sont-elles vraiment mortes ? » ; « N'y a-t-il pas des risques en matière d'hygiène ? » En fait, le frein est double. Il y a la méconnaissance ou le refus de la notion de mort encéphalique d'une part et, d'autre part, le malaise par rapport à la notion de prélèvement, parfois assimilé à une profanation des corps. Il s'agit donc d'une réaction viscérale complexe.

À Évry, à l'issue de nombreuses réunions, souvent houleuses, pour tenter de convaincre, jusqu'à user d'arguments parfois limites («Donc, si vous, ou un membre de votre famille, aviez besoin d'une greffe, vous refuseriez?»), un accord a finalement été obtenu pour une dizaine de prélèvements annuels. Dès le lendemain, par un heureux hasard, le premier don d'organes était réalisé sur notre site.

Je me souviens très bien de cette première famille à laquelle nous avons parlé. Tous ses membres ont dit oui, immédiatement, sans aucune difficulté. C'était simple, presque trop facile... Ce premier prélèvement s'est déroulé de façon parfaite, même si à son terme nous avons dû faire appel à une psychologue pour discuter avec les personnels de la réanimation et du bloc opératoire qui avaient participé. Ils avaient été impressionnés, voire traumatisés!

Il y a eu bien entendu des situations beaucoup plus difficiles ensuite. L'expérience aidant, on parvenait à «sentir» les familles, à identifier celles avec lesquelles ce serait compliqué, voire à renoncer à leur demander. À cette époque, il n'y avait pas vraiment la pression de la pénurie, on faisait du cas par cas, les demandes n'étaient pas systématiques: on choisissait les familles avec lesquelles on pressentait que ça se passerait bien.

Et puis, en 2000, il y a eu le «plan greffe» et l'unité de coordination des prélèvements a commencé à se structurer, on a pu recruter une infirmière coordinatrice dédiée. La pression sur le prélèvement a aussi augmenté; on passait de l'artisanat à la nécessité d'une vraie programmation des prélèvements, à une culture de réseau, pour sensibiliser tous les hôpitaux voisins et éviter de perdre un éventuel donneur. Cette activité passionnante, aux plans humain et éthique, est devenue partie intégrante de l'activité de réanimation. Je m'y suis aussi, à titre personnel, impliqué de plus en plus, organisant des formations sur place ainsi que dans les hôpitaux du secteur, puis dans certains établissements scolaires et certaines mairies. J'ai aussi commencé à participer à des groupes de travail à l'Établissement français des greffes (EFG), notamment à son comité d'éthique... Quand j'ai eu 60 ans, un peu lassé des gardes de réanimation, j'ai profité de l'opportunité de la vacance d'un poste de médecin à l'EFG pour quitter la réanimation et poursuivre mon engagement pour le don d'organes et la greffe. Je voyais dans ce changement plusieurs avantages : les aspects stimulants de la découverte d'un nouveau métier, le côté rassurant d'une mission moins prenante que la réanimation mais aussi l'enthousiasme du militantisme pour le développement du prélèvement d'organes et de la greffe, qui restait encore fragile dans beaucoup de réanimations ainsi que dans l'esprit de la population. J'ai démarré mon activité à l'EFG en septembre 2004. Immédiatement j'ai compris que je ne m'étais pas trompé, sauf sur le temps de travail !! Mais je n'ai pas regretté une seconde... J'ai découvert un autre univers, passionnant et motivant, des personnalités étonnantes, une excellente ambiance de travail. J'étais tellement absorbé par ce que je découvrais qu'en deux semaines à l'EFG, j'avais oublié mes vingt-cinq années de « réa ». Responsable du pôle « Évaluation et greffes », j'ai, sous la houlette de l'incontournable Bernard Lotti et d'une équipe de médecins et de secrétaires très motivés, tenté de mettre à profit mon expérience antérieure au service de l'organisation du prélèvement, de la formation des coordinations et des liens avec les équipes de greffe...

Un des sujets qui m'a le plus passionné est celui de l'acceptabilité du don. La question est troublante. On souligne toujours les plus de 30 % de refus observés auprès des familles. Mais si vous interrogez une classe de collégiens ou un groupe d'étudiants en médecine, vous obtiendrez le même pourcentage de « contre ». C'est une question culturelle et sociologique. Une part à peu près constante des gens reste bloquée par l'idée de la transgression du corps. Il faudrait très certainement un travail de longue haleine pour changer leurs représentations, une démarche de société qui n'a jamais été faite. Les campagnes successives de communication pour le don d'organes se sont toujours refusées à aller dans le sens du prosélytisme pour le don. Elles s'adressent juste à ceux qui veulent déjà donner, leur indiquant comment faire... « Dites-le à vos proches. » Je pense que ce n'est pas suffisant, car cette position a peu de chance de modifier l'attitude de ceux que cette idée rebute. Aujourd'hui, quand une famille se trouve au chevet d'un de ses proches en état de mort encéphalique, il est bien tard et le moment est mal choisi pour essayer de la convaincre, si le travail n'a pas été fait en amont et si la personne qui vient de mourir n'avait pas fait connaître sa décision.

Pourtant, le don et la greffe font désormais partie des choix de notre société. S'il est essentiel de respecter les libertés individuelles, il est tout aussi important de rappeler que notre société est basée sur le principe de la solidarité, comme le confirme notre mode de sécurité sociale, auquel nous sommes si attachés. Dans ce contexte, si chacun veut pouvoir bénéficier d'une greffe pour lui-même ou un de ses proches, en cas de nécessité, il faut aussi que chacun soit prêt à être donneur le cas échéant ; il s'agit donc d'un altruisme du type donnant-donnant, malgré les règles d'anonymat. Il est donc nécessaire, je le crois, de passer de l'information à la promotion en faveur du don...

J'avais été frappé par une expérience menée depuis de longues années à Barcelone. Tous les élèves des classes de seconde devaient consacrer une journée à ce sujet, sur le terrain. On les envoyait dans les hôpitaux, dans les centres de prélèvement, dans les structures de dialyse, rencontrer les malades en attente de greffe, pour les sensibiliser au sujet. C'est un public clé, car ces lycéens d'une quinzaine d'années sont ouverts à ce qu'ils découvrent, c'est en général une expérience forte pour eux, dont ils parlent à leur famille. Ils sont prescripteurs auprès de leurs proches, dont ils peuvent faire évoluer le positionnement.

Ceci explique sans doute en partie pourquoi le taux de refus dans cette ville n'était que de l'ordre de 15 %, quand il est de plus de 30 % en France.

Pour ces raisons, j'ai la conviction qu'il faut penser différemment. Et, pour cela, il est nécessaire que l'Éducation nationale s'en mêle. C'est en sensibilisant, en éduquant les plus jeunes, en levant les idées reçues qu'on parviendra à lever les réticences pour créer une véritable culture du don, ancrée dans les mentalités.

L'autre étape fondamentale est l'entretien avec les familles des donneurs potentiels...

La loi française prévoit que si le défunt ne s'est pas opposé au don de ses organes (que ce soit en s'inscrivant sur le registre national des refus, prévu à cet effet, ou bien tout simplement en le disant à ses proches), il est présumé y consentir. Mais dans les faits, cette loi, très favorable au don, ne peut pas être appliquée *stricto sensu* ; de fait, si une famille est franchement opposée au don d'organes, lui imposer le prélèvement du fait de la loi serait perçu comme une violence insupportable. Les membres des équipes de coordination doivent donc certes s'appuyer sur la loi et faire preuve de ténacité, mais aussi parfois s'armer de tact et savoir abandonner l'idée d'un prélèvement. Il arrive que le renoncement soit nécessaire, pour d'une part ne pas aggraver la douleur d'une famille, mais aussi pour éviter tout problème médiatique qui serait délétère pour le don. Cette nuance indispensable rend compte de la complexité du travail des coordinateurs et de l'importance de leurs capacités d'empathie.

Ce travail des coordinations est souvent simplifié car, parmi les familles que l'on rencontre, certaines sont immédiatement favorables au don, qui leur semble une évidence ; il y a une sorte de charité primaire qui se manifeste, sans aucune question ni hésitation. Dans certains cas, notamment en raison des campagnes d'information, ce sont les familles qui devancent les équipes, disent qu'elles ont entendu parler du don et demandant si c'est possible... Et puis il y a toutes les situations dans lesquelles c'est plus compliqué, soit du fait des convictions et des réticences préexistantes des personnes, soit du fait de causes « externes » de refus. Par exemple, une prise en charge chaotique avant l'hospitalisation ou un mauvais accueil à l'hôpital induisent un ressenti négatif des familles, qui joue très clairement un rôle très péjoratif vis-à-vis du don. Si les gens ont l'impression d'avoir été maltraités et qu'ils sont dans la défiance vis-à-vis des soignants, comment peut-on imaginer qu'ils entendent la demande qui va leur être faite ? La question de la qualité de l'accueil à l'hôpital est cruciale... Ensuite, beaucoup d'éléments peuvent entrer en ligne de compte durant l'échange. Les interrogations d'ordre religieux sont évidemment fréquentes, même si toutes les grandes religions monothéistes sont favorables au don et à la greffe. Certaines familles sont perdues, ne savent pas, ne peuvent pas décider. Dans d'autres situations, tout le monde est plutôt favorable jusqu'à ce qu'un unique opposant se manifeste et fasse totalement basculer la décision du côté du non. C'est donc vraiment un exercice très délicat de mener à bien ce type d'entretiens. Il faut que ceux qui s'y frottent soient armés pour les réussir. Je crois qu'on pourrait aller bien plus loin que ce qu'on fait à l'heure actuelle, en termes de formation des membres des coordinations. Bien entendu, il faut que les gens aient toujours la possibilité et la liberté de refuser, il ne s'agit pas de les forcer ou d'extorquer un consentement. Mais, en pratique, on voit bien que si on se contente d'un non, sans trop le discuter, on ne sera pas tout à fait allé au bout de notre travail. Et il est fréquent que certains proches le regrettent ensuite...

Il s'agit donc d'apprendre aux équipes de coordination à parler à des familles en détresse, à rester en toute circonstance dans une logique d'humanité, tout en gardant en tête que l'objectif est de parvenir au don. Il existe des techniques de négociation, sans parler de manipulation, qui pourraient vraisemblablement s'appliquer à ces entretiens. L'exemple le plus simple est celui de l'empathie, qui est fondamentale dans cette situation ; mais l'empathie, contrairement à ce que l'on croit, n'est pas innée : elle s'apprend.

Lorsque je reviens sur ces quelques décennies, ce qui me semble le plus marquant, c'est que le don d'organes après la mort est passé du statut de pratique exceptionnelle, transgressive, à celui de choix de société. La greffe sauve des milliers de vies, c'est une technique médicale efficace et éprouvée, un traitement, peut-être pas tout à fait aussi banal qu'un autre, mais néanmoins très répandu. Il est légitime de tout faire pour soigner les gens, y compris d'avoir recours aux organes d'une autre personne pour y parvenir... La greffe d'organes est une thérapeutique qui doit donc être accessible à ceux qui en ont besoin. Le prélèvement d'organes est désormais défini comme un acte de soins. Il existe toujours quelques voix pour s'y opposer, de rares services de réanimation considèrent encore que la mort ne doit pas être « exploitée »... Mais ce sont des positions individuelles, idéologiques, éthiques, qui sont différentes de celles de la société. Je suis heureux d'avoir assisté et participé à cette évolution et j'espère que la prochaine étape sera celle de l'ancrage en profondeur d'une culture du don, en tant qu'expression de la solidarité entre les hommes.

Une époque envoûtante

Henri Kreis

Henri Kreis est un des pionniers de la médecine de transplantation en France. Il a réalisé sa carrière à l'hôpital Necker, où il a succédé à Jean Crosnier à la tête du service de transplantation rénale.

Durant les toutes premières années, la compétition entre les équipes de transplantation rénale à travers le monde était plutôt fraternelle. D'ailleurs, de 1950 à 1960, seuls l'hôpital Necker et le Peter Bent de Boston étaient réellement en concurrence... C'étaient les précurseurs de cette discipline nouvelle.

Après l'épisode Marius Renard, entre 1954 et 1959 les seules tentatives de greffe rénale ont été faites entre vrais jumeaux. Personne n'osait plus se lancer dans des greffes en dehors de la gémellité, tant l'échec apparaissait comme une certitude.

C'est Jean Hamburger, toujours à l'écoute d'informations nouvelles, qui avait pensé en premier à l'impact thérapeutique positif que pourrait avoir une irradiation corporelle totale[1] mais non létale, pour éviter le rejet de greffe. Il était en contact avec Jean Bernard et Georges Mathé qui développaient l'hématologie et la cancérologie moderne, et connaissaient bien les conséquences de ces irradiations sur l'organisme. Il en avait discuté avec John Merrill, à Boston, qui le devança finalement et utilisa cette technique en premier, au début de l'année 1959, pour une greffe rénale entre de faux jumeaux. Le premier succès parisien ne se produisit que quelques mois plus tard, en juin 1959. John Merrill reprocha même à Jean Hamburger de ne pas avoir osé se lancer plus tôt, « s'il y croyait »... Mais Hamburger reconnut qu'il n'avait sauté le pas que parce que Merrill l'avait précédé. L'échec de la greffe de Marius Renard avait profondément marqué les esprits, à Paris...

Durant les années 1960, un des rôles importants du médecin dans un service de traitement des maladies rénales était l'accompagnement des gens, souvent jeunes, qui venaient mourir à l'hôpital, envoyés par des médecins correspondants totalement impuissants. Mais nous l'étions le plus souvent tout autant qu'eux. En France, à cette époque, pratiquement personne ne savait que la dialyse au long cours existait. Ni les patients ni la plupart des médecins. Les malades qui nous arrivaient étaient donc probablement des « privilégiés », parce que, d'une manière ou d'une autre, ils avaient été informés que Necker constituait une hypothétique chance de survie. Mais elle était infime.

---

1. L'irradiation corporelle totale consistait à irradier par des rayons X la totalité du corps, de manière à supprimer totalement, mais transitoirement, le système immunitaire du receveur, afin d'empêcher toutes les réactions de rejet du rein greffé. Ses principaux risques étaient à court terme les complications infectieuses, contre lesquelles les patients étaient sans défense, et à moyen et long terme celui de développer une leucémie.

Seul un très faible nombre d'entre eux pouvait bénéficier d'un traitement de l'insuffisance rénale terminale, par dialyse ou transplantation. Ce fut vrai jusqu'à la fin des années 1960, mais uniquement parce que nous avions restreint les indications de ces thérapeutiques aux patients jeunes...

Lorsque ces gens nous arrivaient, leur taux d'urée sanguine dépassait fréquemment 5 à 6 grammes par litre. On ne faisait pas grand-chose, simplement parce qu'il n'y avait pas grand-chose à faire. Il y avait le régime, bien sûr... souvent sévère : du sucre, des lipides, mais ni sel ni protéines. Le riz au miel était fréquemment servi. Ce régime, dit de Kempner, était destiné à limiter la surcharge en eau et l'urémie. Mais la contrepartie était la dénutrition très importante qu'il occasionnait. Il prolongeait sans doute la vie des malades, de quelques mois peut-être. Tant qu'ils étaient hospitalisés, ils supportaient ces contraintes alimentaires, mais dès qu'ils sortaient ils ne pouvaient plus, ce n'était pas tenable... Quoi qu'ils fassent, leur état finissait par se dégrader et ils nous revenaient au bout du rouleau. Ils somnolaient, s'endormaient, la respiration rendue difficile par l'acidose[2], l'œdème pulmonaire[3] ou la péricardite[4]. Je me souviens du « givre d'urée » qui recouvrait leur peau, des crampes douloureuses, des encéphalopathies et des convulsions. Ils finissaient par entrer dans le coma pour ne plus en ressortir. Ils mouraient parfois

---

2. Excès d'acidité dans le sang.
3. Présence de liquide dans le tissu pulmonaire, en général liée à une surcharge, entraînant des difficultés respiratoires.
4. Inflammation du péricarde, le feuillet entourant le cœur, pouvant provoquer un excès de liquide gênant le fonctionnement cardiaque. L'insuffisance rénale terminale est une cause classique de péricardite.

d'hyperkaliémie[5], le potassium s'accumulait dans leur organisme, provoquant des troubles cardiaques qui les tuaient. Nous n'avions pas vraiment de règle pour sélectionner ceux qui allaient accéder à la dialyse. Habituellement, c'était plutôt par ordre d'arrivée. Mais cela conduisait à des cas de conscience, par exemple lorsqu'on était amenés à ne pas retenir une jeune mère alors que nous venions de commencer à dialyser un homme âgé. Quand nous annoncions à l'un d'entre eux qu'il allait passer au rein artificiel, il nous embrassait. On lui annonçait la survie alors qu'il se savait condamné.

Alors que j'étais en troisième année d'internat, en 1965, je me souviens que Jean Hamburger voulait pouvoir traiter plus de malades et donc augmenter le nombre de reins artificiels. Son pouvoir était grand. Il est parvenu à faire venir le ministre de la Santé dans le service, dans le carré Necker, salle Foucher. Il m'avait dit : « On va faire la visite avec lui, vous me présenterez les patients. » Le ministre visita donc quelques chambres individuelles. À la sortie de chacune d'entre elles, Hamburger prenait un air solennel et déclarait : « Monsieur le Ministre, cette jeune femme sera morte dans trois ou quatre jours... » Les générateurs de dialyse supplémentaires pour le centre de Necker ont été immédiatement financés et installés.

Malgré ses qualités de visionnaire incontestées, Jean Hamburger a un peu « raté le train » de l'hémodialyse chronique. Il n'y croyait pas. Il était totalement absorbé par les succès des premières greffes. Jules

---

5. Excès de potassium dans le sang. S'il est très important, il peut provoquer un arrêt cardiaque.

Traeger, à l'Antiquaille de Lyon, avait probablement quelques années d'avance sur Necker dans le domaine de la dialyse. Puis Hamburger a vu qu'il faisait fausse route et s'est raccroché aux branches. Il a créé l'Aura (Association pour l'utilisation du rein artificiel, à Paris et en région parisienne), pour sortir la dialyse de l'hôpital. Il ne souhaitait pas qu'il y ait beaucoup de dialyses chroniques dans son service. Et l'Assistance publique redoutait par-dessus tout de s'exposer aux surcoûts énormes de cette thérapeutique nouvelle. Nous étions bien loin de la tarification à l'activité et personne ne s'imaginait encore la manne économique qu'allait devenir la dialyse, y compris à l'hôpital public, où la présence d'un gros centre d'hémodialyse constitue désormais une source de profits considérable...

La vraie passion de Jean Hamburger, c'était la greffe. Pour Jules Traeger aussi, c'était important. Il avait commencé tôt et fort à Lyon, avec un fort esprit de compétition. Il disait : « La province contre Paris. » Nul doute que cela a été un accélérateur majeur de l'histoire. Necker, Foch, Lyon et Broussais furent les quatre premières équipes françaises qui réalisèrent des greffes rénales, dès la première moitié de la décennie 1960.

Jusqu'aux années 1980, la greffe a été clairement un traitement moins sûr que la dialyse. La part d'aléatoire était plus importante, notamment durant la première année. Les complications qui survenaient alors sont devenues extrêmement rares aujourd'hui : des ulcères gastriques très fréquents, liés aux fortes doses de corticoïdes[6],

---

6. Classe de médicaments anti-inflammatoires et immunosuppresseurs utilisés dans de très nombreuses indications, dont les greffes rénales. Leur utilisation n'est plus toujours

responsables d'hémorragies digestives quasi foudroyantes, sans autres possibilités que l'ablation de l'estomac, et des infections (peu d'antibiotiques existaient, on n'avait aucun agent antiviral, et les moyens diagnostiques biologiques ainsi que l'imagerie étaient très limités). De nombreux patients mouraient en chambre stérile, avant de sortir de l'hôpital, ou encore quelques années plus tard, de leucémie, causée par l'irradiation totale, qu'on a utilisée jusqu'en 1965.

Je me souviens très bien d'une de nos dix premières « irradiées ». Elle était toute jeune, j'étais externe. Au départ, tout s'est très bien passé. Au bout d'une semaine, on s'est dit que ça marchait, elle allait bien. Elle avait un fiancé et elle a demandé à se marier. Elle ne voulait pas attendre. Hamburger a accepté et au dixième jour de sa greffe, la cérémonie de mariage a été organisée dans le service. Ce jour-là, elle était chauve, ses cheveux étaient tombés, à cause de l'irradiation. Elle n'a jamais quitté l'hôpital et elle est morte quelques semaines plus tard. Les irradiés ont payé un lourd tribut, mais ils ont permis le développement de la transplantation, ce sont eux qui nous l'ont apprise.

Puis, Jean Dormont, à Pasteur, et principalement Jules Traeger, avec Mérieux, à Lyon, ont mis au point le sérum antilymphocytaire[7], qui s'est substitué à l'irradiation pour éviter le rejet. On immunisait des

---

indispensable en transplantation depuis le développement de nouveaux immunosuppresseurs plus puissants et spécifiques, parfois appelés « stéroïdes » ou « cortisone ».

7. Pour obtenir ce sérum, destiné à lutter contre le rejet de greffe, on injectait des lymphocytes humains (variété de globules blancs) provenant du patient à un animal (un cheval). Celui-ci produisait alors des anticorps dirigés précisément contre les lymphocytes du patient greffé. Puis on prélevait du sang de l'animal, dont on extrayait le sérum, contenant ces anticorps. On administrait ce sérum au receveur, les anticorps détruisaient ses lymphocytes et limitaient ainsi le risque de rejet du rein greffé.

chevaux avec des lymphocytes humains et on injectait aux malades de très forts volumes de leur sérum, par voie sous-cutanée. Ces produits étaient très mal tolérés et entraînaient douleurs et fièvre. On utilisait aussi des doses considérables de corticoïdes. C'était efficace, mais outre les infections, cela laissait des traces : prise de poids, gonflement du visage, diabète, amyotrophie (faiblesse musculaire), ulcères gastriques, nécrose des hanches nécessitant le recours à des prothèses, cataracte... Nous n'avions pas le choix. À cette époque, 100 % des patients présentaient au moins un rejet de greffe, il fallait bien les traiter. Il y avait beaucoup d'écueils mais les progrès étaient constants. On se concentrait sur les greffes réussies, c'étaient d'immenses succès. Les échecs, les morts, on ne s'y attardait pas, on n'avait pas d'autre choix. La transplantation rénale, à cette époque, avait quelque chose d'envoûtant...

Malgré tous les risques, les contraintes et les effets secondaires, les patients étaient très contents d'être greffés, la dialyse chronique n'était pas disponible pour tous et représentait une vie impossible, avec trois séances de huit à dix heures par semaine. Leur reconnaissance vis-à-vis de nous était immense. Tous ceux qui survivaient à leur insuffisance rénale terminale, qu'ils soient greffés ou dialysés, avaient une conscience aiguë de ce à quoi ils avaient échappé. Nous étions leurs sauveurs. Cet aspect était tellement présent et constant que les relations avec leurs médecins transplanteurs devenaient très particulières, très proches. Ils nous demandaient notre avis pour la majorité des problèmes « sérieux » de leur vie, bien au-delà des questions strictement médicales. Beaucoup développaient une confiance bien plus grande dans leurs médecins que dans les membres de leur propre famille. Necker était une sorte de deuxième maison pour eux. Ils venaient dans le service n'importe quand et savaient qu'ils y seraient toujours bien accueillis. Un médecin était présent, disponible, jour et nuit. L'assistante sociale était aussi quelqu'un de très important, elle s'occupait de la remise au travail, des histoires de sous, des problèmes de cœur...

C'est Jean Crosnier qui a été à l'origine de cela, qui a construit cette proximité. Très vite, il a pris la responsabilité de la transplantation clinique. Il a tenu à « humaniser » le service, à le rendre accueillant et à faire en sorte que tous ceux qui y travaillaient soient dans cet état d'esprit très « familial » vis-à-vis des patients. Homme d'une grande chaleur, simple, il considérait les malades comme ses amis. Les transplantés l'adoraient, les femmes encore un peu plus que les hommes. Les médecins aussi l'appréciaient, beaucoup d'entre eux avaient envie de venir dans le service spécifiquement pour travailler avec Crosnier.

Jean Hamburger, au contraire, était plus lointain avec les patients. Cette distance partait sans doute d'un bon sentiment... Il avait peur que la compréhension de leurs problèmes ne les traumatise. Il limitait les informations qu'il leur délivrait. Durant la visite, si un externe disait devant un patient : « Ce monsieur a des hémorragies au fond d'œil », il lui lançait un regard sombre et reprenait : « Vous voulez parler d'érythrodiapédèse en foyer ? » Il faisait en sorte de ne pas être compris. Pour lui, c'était un moyen de ne pas effrayer... C'était une vision très paternaliste, qui n'a plus du tout cours aujourd'hui.

À cette époque, les consultations des greffés étaient tout un cérémonial. Hamburger était assis à une table, Dormont et Crosnier à ses côtés. L'interne que j'étais avait le privilège d'écrire dans le cahier d'observation sous la dictée du patron.

Un jour, nous avons reçu une patiente greffée. Elle a été examinée assez rapidement, tout allait bien. Alors qu'elle se levait pour s'en aller, Crosnier a remarqué qu'elle avait des grosses varices, qui n'existaient pas quelques mois plus tôt. On lui a demandé de s'allonger à nouveau et Crosnier a posé ses mains sur son ventre puis lui a demandé si elle avait ses règles. Ça faisait quatre ou cinq mois qu'elle ne les avait plus. Lorsqu'on lui a demandé si elle prenait bien sa pilule, elle a répondu qu'elle avait fait un marché avec son mari : chacun d'entre eux la prenait un mois sur deux, à tour de rôle... Ce fut la toute première grossesse rapportée chez une femme greffée du rein qui ait été menée à son terme. Jusque-là, nous interdisions strictement les grossesses, la seule priorité était de « faire vivre » le rein... Cette dame nous a involontairement forcé la main mais, comme tout s'est bien passé, nous avons été beaucoup plus ouverts ensuite. Après deux ans de greffe, lorsque tout allait bien et que la fonction rénale était à nouveau normale, nous donnions notre feu vert. Je me souviens aussi de ce patient transplanté depuis quelques années et qui allait très bien. Depuis quelques consultations, on essayait de diminuer un peu son traitement, ses doses d'antirejet. On lui expliquait à chaque fois que, puisque tout se passait bien, c'était inutile de garder des doses aussi élevées. Et puis, un jour, il nous a dit, un peu gêné : « Ça m'ennuie un peu de vous voir passer du temps sur mon traitement. Ça fait deux ou trois ans que j'ai arrêté de le prendre. » Aujourd'hui, on parlerait de « tolérance opérationnelle ». Il ne rejetait pas son greffon malgré l'absence de traitement antirejet. Très rare de nos jours, cette situation était totalement inédite à l'époque.

Jusqu'en 1965, la greffe était presque exclusivement réalisée avec des donneurs vivants (frères et sœurs, parents, quelques cousins...). Hors du donneur vivant, point de salut !

Ceux qui voulaient survivre devaient se trouver un donneur. Sans aucune garantie de succès, car dans cette première décennie des greffes, la réussite était loin d'être toujours au rendez-vous. La mortalité des patients greffés était de l'ordre de 40 % la première année. On leur expliquait tout, on détaillait l'ampleur des risques, pour qu'ils sachent. On disait aussi aux donneurs qu'il y avait une importante probabilité de décès du receveur ou de perte du rein, on ne voulait pas trop les inciter à donner. Mais les malades, qui savaient ce qui les attendait s'ils n'étaient pas greffés, venaient à genoux nous supplier de les mettre sur une liste.

Je ne sais pas très bien comment ça se passait dans les familles, comment les propositions de don naissaient, face à cette pression immense... Ce qui est certain, c'est que ceux qui ne voulaient pas en parler autour d'eux en mouraient.

On ne savait pas encore quel était le devenir des donneurs, même si on avait l'expérience des patients à qui on avait dû retirer un rein pour une raison pathologique et qui s'en sortaient plutôt bien. On sélectionnait des gens sains. Aucun drame ne s'est produit à Paris mais la crainte liée à l'intervention était bien réelle et justifiée. L'anesthésie générale n'offrait pas les garanties de sécurité d'aujourd'hui.

Dès que cela a été possible, vers la fin des années 1960, nous avons inversé l'origine des donneurs. Il était devenu logique d'utiliser de préférence des reins prélevés sur des personnes mortes par destruction cérébrale, en coma dépassé. Ces greffons étaient de très bonne qualité, à cette époque. Les donneurs qui étaient prélevés étaient jeunes, souvent morts de traumatismes crâniens. Nous avons rapidement constaté que les résultats des greffes, que le donneur soit vivant ou décédé, étaient similaires. Sauf dans un cas bien spécifique, celui où le donneur (frère ou sœur du receveur) était HLA identique à lui. Les résultats de ces greffes, un peu exceptionnelles, étaient toujours très supérieurs... C'est donc la seule situation pour laquelle nous avons continué à avoir recours à des donneurs vivants.

En faisant ce choix, nous avons voulu cesser d'exposer les donneurs vivants aux risques du prélèvement, mais aussi à celui de l'échec de la greffe ou de la mort du receveur... Il s'agissait d'éviter les dons « pour rien »... Cette subsidiarité du recours aux donneurs vivants est un peu devenue une logique nationale, jusqu'à ce que la pénurie des années 2000 donne un second souffle à cette pratique, mais avec des conditions de réalisation et de succès totalement différentes de ce que nous avions connu quarante ans plus tôt...

C'est en 1962 que nous avons prélevé notre premier « coma dépassé ». C'est ainsi qu'on appelait la mort « à cœur battant » à l'époque. J'étais alors en train de faire mon service militaire au Val-de-Grâce, je prenais des gardes à Necker. J'étais présent, ce jour-là. Un patient avait été hospitalisé dans le service après un polytrauma-tisme. Les chambres étaient équipées des moyens de réanimation dont nous disposions alors, le patient était ventilé et ses reins avaient repris une fonction, mais il était dans un coma profond, totalement aréactif. Hamburger a appelé Maurice Goulon, l'un des deux médecins qui avaient décrit le coma dépassé trois ans plus tôt. Il lui a dit : « Viens, on a

un patient qui est peut-être comme un des cas que tu as décrits... »
Goulon est venu et il y a eu une très longue discussion. Hamburger
était extrêmement réticent. Goulon a fini par le convaincre que c'était
bien un coma dépassé et il est reparti. Il a fallu encore plusieurs
heures avant qu'Hamburger prenne la décision de prélever le rein de
cet homme... Durant les années qui ont suivi, on passait notre temps
à appeler tous les services de réanimation de Paris pour savoir s'ils
avaient des patients en coma dépassé. La plupart de nos interlocuteurs
étaient très hostiles. On nous appelait « les vautours »... Ils avaient peur
que ça se sache, que plus personne ne leur envoie de malades de peur
qu'ils arrêtent de les réanimer pour les prélever. On a fini par constituer malgré tout un petit réseau, on a noué des liens avec certaines
équipes. Ils nous signalaient la présence dans leur service d'un patient
avec un cerveau probablement détruit. Mais leur implication s'arrêtait
là. Nous allions immédiatement sur place, avec un ou deux médecins et
une ou deux infirmières. Et on s'occupait de tout. Pour le service dans
lequel nous nous trouvions, leur patient était mort, c'était fini. Pour
nous, il pouvait être une source de reins potentielle. Notre présence
était simplement tolérée.

Nous nous chargions aussi des entretiens avec les familles. Je me
souviens très clairement d'une des toutes premières que nous avons
rencontrées. Leur fils était mort dans un accident, j'ai appelé ses
proches en fin de journée pour leur annoncer la nouvelle. Il était tard,
ils voulaient attendre le lendemain matin pour venir à l'hôpital. Je leur
ai dit que j'avais quelque chose à leur demander et je leur ai proposé
de me rendre à leur domicile. Ils ont accepté. Ils habitaient un petit
pavillon dans la proche banlieue parisienne. Le père m'a ouvert et m'a

fait signe de rentrer. Au milieu du salon gisait un énorme lustre de cristal, ses éclats s'étaient répandus dans toute la pièce. « J'étais sûr que j'aurais un malheur aujourd'hui... a déclaré le père. Il est tombé ce matin même... » Ces gens ont accepté qu'on prélève un rein de leur fils. Un et un seul. Ils m'ont expliqué que s'il y avait une vie future, il fallait qu'il lui en reste au moins un.

J'ai participé à cette activité de prélèvement entre 1963 et le début des années 1980 environ. Au début il y avait peu de refus, les familles nous faisaient confiance. Et nous avions la plus grande des motivations : nous obtenions les organes qui allaient venir en aide à nos propres patients en attente de greffe. Quelques années plus tard, cette double activité a été jugée comme un conflit d'intérêt majeur et interdite. La loi de bioéthique a instauré une indépendance totale entre les équipes de prélèvement et de greffe.

À partir de 1970, la répartition des greffons de personnes décédées s'est organisée sur le territoire sous l'égide de France Transplant, dont nous avons assuré le fonctionnement clinique à Necker pendant ses dix premières années. Nous avons alors commencé à greffer des reins provenant d'autres régions. Je me souviens d'une jeune fille qui était sur notre liste d'attente. Un jour, l'équipe de transplantation de Marseille nous appelle et nous dit qu'il y a un rein pour elle, prélevé sur une personne décédée à Nice qui est HLA identique : compatibilité quasiment parfaite. À ce titre, elle était prioritaire pour ce greffon. La greffe a eu lieu, et tout se passait bien. Nous avions très peu d'informations sur les donneurs, mais ce jour-là un élément nous a interpellé. Son nom de famille était le même que celui de la receveuse. Il s'est avéré que cette jeune femme, parisienne, avait reçu le rein de son propre frère, qui s'était tué dans un accident de moto survenu à Nice quelques heures plus tôt. Elle l'ignorait. On a dû le lui annoncer, peu de temps après la greffe. Cela a été évidemment très difficile...

Nous avons vécu là une époque extraordinaire et participé à la naissance d'une nouvelle médecine, un peu fantasmatique, qui a fait du corps de l'être humain une thérapeutique pour d'autres êtres humains.

L'AMOUR EN PLUS

Je n'ai gardé qu'une liste

Janine Bédrossian

Janine Bédrossian est néphrologue, spécialisée en transplantation rénale. Elle a exercé dans les hôpitaux de Broussais et Saint-Louis, à Paris.

De mes quinze années passées à Broussais, et des quinze autres à Saint-Louis, à m'occuper de transplantations rénales, je n'ai gardé qu'une seule liste, celle des patients transplantés à Saint-Louis, sur la période de 1985 à 2001. Je la garde pour me souvenir des noms. La liste des transplantés de Broussais, je l'ai jetée, et il m'arrive de le regretter, quand parfois je n'arrive plus à mettre un nom sur un souvenir, un visage que je revois pourtant clairement. À l'occasion d'un déménagement, en 2006, je me suis débarrassée de tous les documents que j'avais gardés. Je me disais qu'il fallait que je tourne la page. Il faut dire que plus de quarante ans sont passés depuis le jour où pour la première fois j'ai eu affaire à une transplantation rénale. C'était en 1968.

Il faut se rappeler qu'à l'époque la greffe était encore une procédure exceptionnelle. Aujourd'hui, elle s'est banalisée. À ce moment-là on ne connaissait rien ou si peu, mais on ne le savait pas. On avait très peu de moyens. Pas d'imagerie performante, pas d'échographie, pas de radiologie interventionnelle. Pas de vaccination ni de traitement contre l'hépatite B. Et j'en passe. C'était un peu fou, quand j'y repense.

Je me souviens des prélèvements d'organes, au tout début, à la fin des années 1960, quand j'étais interne à Necker. C'était dans le service du professeur Hamburger et j'avais alors Henri Kreis pour chef de clinique. Lorsqu'il y avait un donneur quelque part dans Paris, en banlieue ou même plus loin, nous sautions dans notre voiture et, médecin et chirurgiens, nous nous rendions sur place. On assistait au prélèvement, perfusait le rein et on appelait l'hôpital, où le receveur attendait. On annonçait que l'artère venait d'être clampée et qu'on n'allait pas tarder à rentrer avec le rein, souvent accompagnés par les motards. C'était la course. On faisait le plus vite possible, pour que l'ischémie soit courte. On était un peu comme des cow-boys au far west. Tout cela n'avait rien à voir avec ce qui se passe aujourd'hui...

Un peu plus tard, entre 1970 et 1985, j'étais à Broussais, et la situation était compliquée. Les greffes n'étaient pas faites sur place, elles avaient lieu à la clinique de la Porte de Choisy, dans le service du docteur Jean-Marie Brisset. On faisait beaucoup d'allers-retours avec notre propre voiture... On allait là-bas pour chaque greffe, d'abord pour la préparation du receveur ; on assistait ensuite à l'intervention, jusqu'à la sortie du bloc. «On», c'était en fait surtout, après le départ de Jean-Marie Idatte, Alain Duboust et moi-même. Puis, chaque jour, on passait le matin pour examiner le greffé et faire les prescriptions. Et le médecin de garde, après sa contre-visite à Broussais, passait à Choisy, souvent tard dans la soirée, pour vérifier que tout était en ordre ou au contraire pour découvrir et essayer de régler un problème.

Les nouveaux greffés y restaient une petite semaine, quand tout allait bien, avant d'être rapatriés à Broussais. Cette absence d'unité de lieu a été à l'origine de drames médicaux. Il n'y avait pas de véritable réanimation qui pouvait prendre en charge, porte de Choisy, nos patients lorsqu'ils présentaient des complications graves relevant d'un vrai service de réanimation. La situation n'était pas plus brillante à Broussais, si bien qu'il nous est arrivé, à partir d'un certain moment, de confier nos greffés au service de réanimation de l'hôpital Saint-Joseph, qui avait l'avantage d'être contigu à Broussais. Mais il nous fallait alors courir entre trois hôpitaux. Car nous ne concevions pas d'« abandonner » nos greffés quand nous étions obligés de les confier à un autre service !!!

J'ai toujours essayé de dire la vérité à nos malades tout au long de leur parcours. C'était un choix, surtout en consultation de pré-transplantation. Je leur annonçais le taux de nos succès mais aussi des décès, des retours en dialyse. Non pas pour les effrayer, mais pour qu'ils sachent à quoi s'en tenir et dans quelle aventure ils se lançaient. Je leur disais qu'on était dans le même bateau, que leur intérêt était le nôtre, qu'on allait se battre ensemble. Et c'était vrai. J'avais fait le choix d'être totalement disponible, à leurs côtés. Avec le recul maintenant, je me dis que j'ai peut-être été quelquefois trop directe et trop dure, et que tous n'étaient pas prêts à entendre mon discours.

Au début des années 1970, environ un tiers des greffés avaient perdu leur greffon au bout d'un an. Évidemment, les statistiques se sont beaucoup améliorées au fil du temps.

Lorsque je leur apprenais ces chiffres, certains se mettaient à pleurer, d'autres ne voulaient plus être transplantés. D'autres partaient et revenaient quelques semaines plus tard, déterminés à se lancer. Et puis d'autres enfin n'entendaient pas, ne voulaient pas savoir, ils avaient tant d'espoir dans la greffe, ils n'en pouvaient plus de la dialyse. Ils voulaient absolument tenter leur chance.

Je pouvais devenir très proche de mes patients. Je ne le provoquais pas, j'avais habituellement des relations tout à fait normales avec eux. Du moins, je le crois. En revanche, lorsqu'elle s'exprimait, je répondais toujours favorablement à leur demande d'une plus grande proximité. Pourquoi aurais-je refusé ?

Je me souviens de chacun d'entre eux, de chacune de leurs histoires, belles ou tristes.

Je me souviens des drames. Des hommes et des femmes d'une quarantaine d'années, qui mouraient, pour qui on ne pouvait rien faire. Problèmes infectieux qu'on ne savait pas diagnostiquer ou pour lesquels on déployait l'artillerie lourde. Ce fut le cas pour les pneumocystoses[1], quand seules les biopsies pulmonaires à ciel ouvert donnaient le diagnostic. Mais à cette époque on ignorait encore l'efficacité de son traitement par le Bactrim, un antibiotique

---

1. Infection pulmonaire sévère liée à un parasite, le pneumocystis, touchant les patients immunodéprimés.

et antiparasitaire. Pour le cytomégalovirus (CMV)[2], on n'avait pas le Ganciclovir[3]. Notre stratégie était de diminuer l'immunosuppression[4] et d'attendre la fin de la fièvre. On regardait la température monter à 40 °C et redescendre dans la journée avant de remonter le lendemain, et ainsi pendant quarante jours, en redoutant le rejet du greffon, les atteintes pulmonaires et les saignements digestifs... Et il y avait tous ceux pour lesquels on ne parvenait même pas à faire un diagnostic. Il y avait ces tuberculoses atypiques qu'on diagnostiquait trop tard. On maniait alors mal les antibiotiques, dont on ignorait les effets toxiques car on ne savait pas les doser. Et, en tentant de soigner les malades, il nous arrivait de les tuer.

Je me souviens de ce jeune patient tunisien qui est arrivé avec une varicelle maligne[5]. C'était la première que l'on voyait chez nos transplantés et on en ignorait le caractère malin. On n'avait aucun traitement. L'Aciclovir[6] n'existait pas. Il en est mort.

Je me souviens aussi de ce patient, d'origine italienne, Julio Cesare, vivant en France avec sa très jolie femme allemande et

---

2. Le cytomégalovirus (ou CMV) est un virus responsable d'infections passant le plus souvent inaperçues, sauf chez des patients dont les défenses immunitaires ont été affaiblies, notamment les greffés rénaux. Dans cette situation, les atteintes peuvent être sévères et la transmission peut avoir été le fait du donneur. Des antiviraux permettent désormais de contrôler et de prévenir ces infections.

3. Médicament antiviral actif contre le cytomégalovirus, principal virus responsable d'infection virale (parfois sévère) lors de la période précoce qui suit la transplantation. Sa forme orale permet la prévention de cette infection.

4. Afin de permettre au système immunitaire de redevenir suffisant pour que l'organisme puisse combattre l'infection.

5. Des formes graves («malignes») de la varicelle peuvent survenir, mettant en jeu le pronostic vital et fonctionnel, y compris chez des adultes, notamment lorsqu'ils sont immunodéprimés.

6. Médicament actif contre les virus herpès de types 1 et 2 (varicelle et zona) responsables d'infections herpétiques, parfois sévères, chez les patients greffés.

leur petit garçon. Il était en hémodialyse depuis des années et en avait les complications, en particulier des calcifications vasculaires[7]. Quand on l'a greffé, il m'a dit : « On ira ensemble à l'opéra à Vérone, je vous y emmènerai… » On n'y est jamais allé. Après quelques semaines, une pancréatite aiguë[8] l'a emporté. Nous étions complètement désarmés. Je sais que sa femme ne nous l'a jamais pardonné.

Je me souviens de ce jeune Libanais de 15 ans à qui son père, chirurgien à Beyrouth, avait donné un de ses reins. Tout s'était bien passé, jusqu'au septième jour, quand une forte fièvre à 40 °C est apparue. J'étais seule à Broussais ce jour-là et très angoissée. Dans l'ignorance de la cause, j'ai commencé un traitement antibiotique, qui est resté sans effet. C'était une fièvre immunologique due au rejet aigu. Malgré son traitement il a perdu son rein. Son père lui a dit : « Nous avons perdu une bataille, mais pas la guerre. » Il est rentré au Liban. J'ai su qu'il avait été greffé par la suite à trois reprises aux États-Unis. La dernière a réussi, et il est actuellement radiologue à Beyrouth. Son père avait raison, ils ont fini par gagner la guerre.

Je me souviens de ce chercheur au CNRS, spécialiste de littérature hispano-américaine, qui avait une maladie de Berger et qui est venu à Broussais en mars 1973 pour recevoir le rein de sa sœur. L'intervention s'était remarquablement bien passée, si bien que le chirurgien clamait qu'on aurait dû la filmer. Il n'a pas uriné tout de suite, on a pensé qu'il fallait « le remplir » car il n'était pas suffisamment

---

7. Il s'agit de dépôts de calcium qui se forment dans la paroi des vaisseaux sanguins. La présence de calcifications peut notamment entraîner des complications cardio-vasculaires.

8. Inflammation rapide du pancréas pouvant aller jusqu'à sa destruction (nécrose).

hydraté. Nous n'avions alors pas d'échographie, et c'est le lendemain seulement qu'on a pu lui faire une artériographie. L'artère du greffon était coudée et thrombosée, le sang ne passait plus. Il a été réopéré, mais trop tard, le rein était perdu. On a pu heureusement le retransplanter quatre mois plus tard, à partir d'un rein de donneur décédé. Entre les deux greffes, il a tenu à m'emmener à l'opéra. C'est grâce à lui que j'ai découvert *Les Noces de Figaro*. Sa deuxième greffe a bien marché, malgré plusieurs soucis : une sténose de l'artère rénale qu'il a fallu opérer, une hépatite C, une tuberculose. Et puis un jour il est venu me voir en consultation en m'annonçant qu'il avait arrêté son traitement depuis plusieurs semaines. Effrayée, je l'ai prié de le reprendre immédiatement. Six mois plus tard, même annonce, il ne prenait plus ses médicaments et tout allait bien. Il était « tolérant », c'est-à-dire que son organisme ne rejetait pas le greffon, malgré l'absence de traitement immunosuppresseur. Une situation rarissime, encore plus pour une seconde greffe... Aujourd'hui, tout va très bien pour lui, il est retourné vivre à Rome auprès de sa sœur, qui lui avait donné son premier rein. Hélas, c'est elle qui, à 80 ans, est actuellement en hémodialyse chronique, ce qui se produit de manière extrêmement rare chez les donneurs vivants de rein...

Je me souviens de ces frères chiliens, Milton et Edison. Milton, la trentaine, était dialysé. Son frère Edison a voulu lui donner un rein. À l'époque, nous n'avions pas de psychologue, pas de comité d'éthique pour transplantation avec donneur vivant. Mais nous organisions une réunion avec les soignants de l'équipe, le donneur, le receveur et ses proches impliqués. L'épouse d'Edison a très fortement exprimé son désaccord pour ce don. Mais son mari n'a pas voulu en tenir compte.

Il a donné son rein et tout s'est très bien passé. Milton a pu retourner au Chili avec son greffon. Edison, quant à lui, est resté en France mais peu de temps après la greffe sa femme l'a quitté.

Je me souviens de cet ingénieur agronome ivoirien, au tout début des années 1970. On ne connaissait pas la cause de son insuffisance rénale. Sa sœur, Marie-Jeanne, lui a donné un rein. Mais assez rapidement, malgré une créatinine normale, une protéinurie[9] abondante, signe de dysfonctionnement du greffon, est apparue. Un rejet a pu être éliminé. C'est la deuxième biopsie rénale[10] qui nous a permis de faire le diagnostic de la maladie qui avait détruit son rein et qui récidivait sur son greffon : une hyalinose segmentaire et focale[11]. Là encore, c'était la première fois qu'on était confronté à ce problème, qui est bien connu à présent. Heureusement, on a pu garder son greffon et le mettre en rémission. Il est retourné vivre en Côte d'Ivoire après avoir divorcé de son épouse française. La dernière fois que j'ai eu de ses nouvelles, il allait bien, travaillait et avait toujours un greffon qui fonctionnait.

Après Broussais, il y a eu Saint-Louis. Lorsque j'ai pris la décision d'aller là-bas, il me restait quinze ans à travailler. J'ai pensé : autant recommencer quelque chose de nouveau. Saint-Louis était un hôpital

---

9. Présence anormale de protéines dans les urines, qui traduit un dysfonctionnement des reins.

10. Examen qui consiste à prélever un ou plusieurs fragments de rein de très petite taille, qui seront ensuite examinés au microscope. La biopsie permet de poser un diagnostic de maladie rénale, mais aussi de suivre son évolution. Lorsqu'il s'agit d'une biopsie du greffon rénal, elle permet aussi de diagnostiquer et de décrire un éventuel rejet.

11. Maladie rénale caractérisée par une protéinurie et par une rétraction, une sclérose de certains glomérules rénaux (petits agglomérats de vaisseaux sanguins, servant notamment à filtrer le sang). Lorsque trop de glomérules sont touchés, l'insuffisance rénale peut nécessiter le recours à la greffe ou à la dialyse. La maladie peut récidiver après la greffe.

tout neuf avec des conditions exceptionnelles de travail. On avait tout sur place, la chirurgie digestive et urologique, l'immunologie, la pathologie infectieuse, l'hématologie, la cancérologie. Mais aussi un confort important pour les patients et pour les médecins. J'y ai contribué à la création de l'unité de greffe rénale, dans le service du professeur Jean-Marie Idatte. Pour autant, tous les problèmes n'étaient pas résolus. L'apparition de cancers après des années de greffe, et encore les infections, dont certaines restaient redoutables.

Je me souviens de ce patient transplanté en 1992, qui avait développé une fièvre élevée. On a d'abord pensé au CMV, mais le traitement n'a donné aucun résultat. Il se dégradait, son foie, sa moelle, sa conscience étaient atteints. Il était mourant. Comme je le faisais à chaque fois qu'un de mes patients se trouvait dans une situation désespérée et que nous étions complètement désarmés, j'ai demandé à ma mère de prier très fort pour lui!!! Ma sœur, qui était de passage à Paris, m'a proposé de lui préparer son remède miracle, à savoir des oignons cuits, qu'il a bien voulu ingérer à ma demande!!! Mais rien n'y faisait. Hématologiste et dermatologue ont été appelés à son chevet. Et c'est ce dernier, le docteur Rybojad, qui l'a sauvé. Après l'avoir minutieusement interrogé et examiné «de pied en cap», il a découvert sur son pied une petite lésion qui était passé inaperçue. Le patient travaillait sur les docks du port du Havre. Il nourrissait chaque jour des chats errants dont il nous a assuré qu'il ne les touchait pas. Pourtant, il avait contracté la maladie des griffes du chat[12], qui prend un caractère

_____

12. Maladie infectieuse provoquée par une bactérie présente dans le sol et pénétrant dans l'organisme à l'occasion d'une petite plaie cutanée, souvent une morsure ou une griffure de chat, d'où son nom. Elle est habituellement bénigne mais peut être grave chez les patients greffés.

malin du fait du traitement immunosuppresseur. On a pu lui donner le bon traitement et le tirer d'affaire.

Je me souviens de ce jeune Espagnol que j'ai connu en 1968 à Necker. Il était venu de Madrid avec ses parents et cinq ou six frères et sœurs, pour une greffe familiale. Malheureusement, aucun des donneurs potentiels n'a été jugé suffisamment compatible. À l'époque on exigeait une très forte compatibilité tissulaire… J'ai dû lui poser un cathéter de dialyse péritonéale. Beaucoup plus tard il se souvenait encore de ce que je lui répétais : « Ne bougez pas, ne bougez pas. » Il venait de se marier et sa jeune femme, très amoureuse, l'accompagnait. Il est reparti à Madrid sans être greffé et je l'ai perdu de vue pendant une dizaine d'années. Et puis, un samedi matin, je le vis qui m'attendait dans le couloir, à Broussais. Il était venu me dire qu'il avait été greffé à Madrid, un an après son retour de Paris. Il avait eu quatre enfants durant les cinq années qui avaient suivi sa transplantation mais il allait moins bien, avec une protéinurie abondante et une créatinine qui grimpait. Il débordait d'énergie, de projets, de vitalité. Il avait fait des études d'architecture et travaillait dans ce domaine. Nous nous sommes retrouvés et nous sommes devenus amis, avec lui et sa femme. Ils sont venus à Paris, je suis allée les voir à Burgos, où ils dirigeaient un grand hôtel. Sa fonction rénale s'est progressivement dégradée et il est retourné en dialyse en 1989. Nous l'avons inscrit sur la liste d'attente de Saint-Louis où nous avons pu le greffer pour la deuxième fois en 1990, avec succès. Avec un recul de vingt-quatre ans, son greffon marche toujours bien.

En relisant ce texte, je m'aperçois qu'il y est surtout question des greffés de Broussais, dont les histoires sont plus tristes, et beaucoup moins de ceux de Saint-Louis. Probablement parce que la charge était alors beaucoup plus lourde, les conditions plus difficiles. Je vois aussi que j'ai surtout parlé de transplantés étrangers : Italien, Chilien, Espagnol, Ivoirien, alors que la majorité de nos transplantés étaient bien des Français métropolitains. Pourquoi cette sélection involontaire ? Est-ce eux qui nous ont posé le plus de problèmes ? Je ne crois pas. J'aurais pu continuer longtemps à évoquer d'autres figures, d'autres histoires tristes ou plus heureuses, que je n'ai pas oubliées.

C'est à l'été 2001 que j'ai quitté mes fonctions officielles à Saint-Louis, atteinte par la limite d'âge ! Déjà près de treize ans ont passé !!! Mais, comme pour la plupart des médecins, il n'a pas été évident pour moi d'arrêter de but en blanc cette activité. C'est la possibilité d'aller régulièrement en Arménie pour aider l'équipe locale à démarrer son programme de transplantation rénale qui m'a servi de prétexte pour ne pas quitter brutalement Saint-Louis et ses greffés. Pour être crédible là-bas, il fallait que je continue à être au courant et impliquée dans les problèmes de la greffe. C'est ainsi que, jusqu'en 2007, j'ai continué à participer bénévolement une fois par semaine au suivi des greffés, à la consultation du docteur Fabien Métivier. Et puis il a bien fallu, un jour, s'arrêter définitivement, ce que j'ai fait sans regret. J'avais décidé d'être médecin à l'âge de 14 ans, rêve que j'ai pu réaliser pleinement et qui a rempli mon existence.

Le meilleur médicament, c'est l'amour...

Bruno

Bruno, 45 ans, est passionné d'automobiles et de pilotage. Il a créé et dirige une entreprise de vente de voitures.

J'ai toujours été très entouré, par ma famille, mes amis. C'est un peu une marque de fabrique, chez nous, probablement issue de l'histoire de ma famille maternelle. Presque un roman... Ma mère est née en Tunisie, ses grands-parents étaient des sages, des érudits, très aisés. Et puis la guerre est arrivée et ils ont subi des revers de fortune. Ils ont été spoliés par les Allemands, il y a eu les bombardements... Du jour au lendemain, ils n'avaient plus rien. Ma grand-mère n'avait jamais travaillé, ne savait rien faire... Ma mère est née dans ce chaos et a connu une très grande pauvreté. Ils vivaient dans des bidonvilles, dans un immense dénuement. Je sais qu'elle n'a pas toujours mangé à sa faim. Pourtant, lorsqu'elle en parle, elle n'évoque que le bonheur d'une enfance très heureuse, baignée d'amour. Même si la situation matérielle était extrêmement difficile, elle a le souvenir de n'avoir manqué de rien… Je pense que la très grande chaleur, la solidarité qui caractérise ma famille vient de là, de cet amour qui était tout ce qui leur restait et que personne ne pouvait leur prendre. Elle a passé les vingt premières années de sa vie en Tunisie, elle est devenue institutrice au bled, elle avait des élèves bien plus âgés qu'elle. Puis elle a rencontré mon père. De mon côté, je suis né au Maroc et arrivé en France lorsque j'avais 5 ans. On a vécu dans une cité dortoir, avec un salaire d'instit… Pour autant, ce n'était pas la misère, ce n'était pas du Zola. Je me souviens des vacances de mon enfance, dans les calanques, à Marseille. C'était la vie de bohème, le paradis, l'impression d'être coupés du monde, sans eau courante, on était entourés de cousins, d'amis et de person-nalités improbables. C'était une tribu singulière et chamarrée qui se retrouvait chaque été, entre le soleil et la mer…

Et il y avait déjà, toujours, ce très grand amour entre nous tous. Je m'en suis nourri, je me suis construit à travers lui, mais aussi au fil de rencontres et de passions.

En premier lieu, celle des voitures. Elle est née très tôt, transmise par mon père, puis par Gérald, qui a été le grand amour de ma mère. Gérald est mort trop tôt, quand j'avais 14 ans. Mais c'est lui qui m'a tout appris : à me raser, à faire la cuisine, à pêcher, à faire du bateau et… à aimer les voitures. Ça ne m'a plus quitté.

Alors, quand j'ai eu 23 ans, j'ai réussi à me faire recruter par une agence de pub spécialisée dans l'automobile. J'y suis rentré par un trou de souris, mais ça a été une expérience incroyable, qui m'a permis de côtoyer tous les univers de la voiture, de la concession Lamborghini ou Bentley aux casseurs de la nationale 7. Et puis il y avait les fêtes ! On invitait nos gros clients à faire de la bagnole, de la formule 1 au petit karting, un sport que j'ai découvert et qui est devenu une très grande passion. Les sensations sont énormes, incroyables, il y a ces immenses accélérations, la violence. J'en suis dingue. J'ai atteint un très bon niveau, parce que j'aime ça, j'en fais chaque fois que je peux... Je me suis aussi mis à la cascade automobile pour le cinéma, une autre de mes passions, grâce à Jean-Claude Lagniez, un de mes meilleurs amis, un ancien de l'équipe de Rémy Julienne. Je suis recruté par les productions en tant que «pilote de précision». Je ne fais rien de violent, pas de «percussion», je ne prends aucun risque, c'est ma seule limite. Ce qu'on attend de moi, c'est de savoir parfaitement où je mets mes roues, de ne pas être impressionné, d'être capable de réaliser une chorégraphie au millimètre sur le périphérique. J'ai participé à plusieurs films connus, *Rien à déclarer*, de Dany Boon, ou encore *Go Fast*... La voiture est donc devenue mon métier. C'est une très grande chance de pouvoir vivre de ses passions. J'ai fini par créer ma propre société, ce que j'ai vécu comme un accomplissement. J'avais 33 ans en 2003. J'étais seul à la barre, je bossais comme un âne, sept jours sur sept, pour y arriver. Il y avait cette fatigue, très inhabituelle, que je mettais sur le compte du travail. Mais elle durait, s'amplifiait... Un jour, mon généraliste me mesure une tension très élevée mais ne s'alarme pas plus que cela: le stress, rendez-vous dans un mois, on verra où ça en est. Pourtant, les choses ont continué à se dégrader, je ne dormais plus, mon cœur battait à tout rompre, j'avais des palpitations, je ne parvenais plus à m'alimenter. Un ami médecin, me trouvant une sale tête, a finalement décidé d'écouter mon cœur et m'a ordonné de consulter illico presto un cardiologue. C'était urgent, selon lui. Mais un samedi matin, c'est très compliqué de trouver un praticien disponible. Finalement, je suis parvenu à en avoir un au téléphone, je lui ai expliqué ma situation et il a accepté de passer chez moi. Quand je repense à cet homme, je me dis que je lui dois beaucoup et que le serment d'Hippocrate veut encore dire quelque chose... Il m'a ausculté, a confirmé les anomalies cardiaques et m'a prescrit un bilan sanguin à réaliser le lundi suivant. Le labo lui a communiqué immédiatement les résultats et il m'a rappelé pour que je passe très vite à son cabinet. Il m'a reçu, m'a fait une échographie, a pris ma tension... Je sentais que quelque chose de grave était en train de se passer. Sans m'expliquer quoi que ce soit, il a téléphoné à un confrère. J'ai été témoin de la conversation, mais je ne comprenais rien à ce qu'ils se disaient, c'était du jargon, des mots qui m'étaient étrangers. J'ai juste vaguement compris que son interlocuteur m'attendait dès que possible... Après avoir raccroché, il a tenté de m'expliquer, maladroitement, que mes reins ne fonctionnaient plus, que j'étais en «phase terminale» d'une insuffisance rénale. Les mots ont été terribles à entendre. Je n'ai retenu que le «terminal», je me suis dit que j'allais mourir, que c'était la fin. Ça m'a glacé le sang. Moi qui pensais que rien ne pouvait m'arriver. J'ignorais totalement ce qu'était l'insuffisance rénale, qu'il y avait des plans B, la dialyse, la greffe. Le reste de ses explications n'a fait que m'effleurer...

Je suis donc parti pour l'hôpital, assommé, hébété. C'était le soir. On m'a fait des examens une bonne partie de la nuit... Très vite, le diagnostic de polykystose a été posé. J'ai entendu de nouveaux mots dénués de sens, on m'a parlé de dialyse, de fistule. Je pataugeais totalement, je me noyais dans le jargon, dans l'incompréhension, la peur et le refus de ce qui m'arrivait. Pendant trois jours, j'ai été totalement perdu, dépassé, submergé. C'était beaucoup trop, trop d'un coup.

Puis j'ai commencé à réagir, tout d'abord en admettant que non, je n'allais pas mourir. Ensuite en acceptant que quelque chose était arrivé dans ma vie, quelque chose d'important et qu'il y aurait un avant et un après. J'ai découvert un univers que je ne connaissais absolument pas, celui de l'hôpital, de la médecine. Heureusement, la mobilisation de la famille et des amis ne s'est pas fait attendre. J'ai été immédiatement entouré, enveloppé par un incroyable mouvement de solidarité et d'amour. C'est lui qui m'a aidé à me remettre debout, à me battre, à affronter ce tsunami qui s'abattait sur mon existence. Cette présence bienveillante et joyeuse, cette affection permanente autour de moi ont été essentielles. Il y avait en continu une dizaine de personnes dans la chambre, ma mère faisait du thé, amenait des gâteaux pour tout le monde. Ma tata Diane, sa sœur aînée, venait chaque jour me faire du *reiki*, une sorte d'imposition des mains supposée m'aider à guérir. Elle restait tard le soir et me massait les pieds jusqu'à ce que je m'endorme. Je suis très reconnaissant à l'hôpital d'avoir toléré ce joyeux bordel.

Durant mes premiers jours d'hospitalisation, j'ai partagé ma chambre avec un jeune garçon manifestement en meilleur état que moi. J'étais encore très mal et très faible, perfusé de partout. Malgré mon épuisement, je rigolais, je parlais tout le temps, j'étais porté par toute cette affection qui me donnait de la force. Mes proches tentaient, peut-être un peu maladroitement, de le faire profiter de la chaleur de leur présence à mes côtés. Il avait parfois de vagues contacts téléphoniques avec ses parents mais, la plupart du temps, il était seul, triste et gris. Bien moins malade que moi, mais bien plus atteint par sa condition et sa solitude. Il m'a aidé à comprendre qu'il n'y a pas de médicament plus puissant que l'amour qu'on reçoit.

Les médecins eux aussi ont joué un grand rôle, ils m'ont soutenu et rassuré. Je me souviens de cet interne, hyperinvesti, totalement dévoué, toujours disponible, que je voyais courir toute la journée, donner sans compter et se dégrader d'heure en heure en faisant comme si la fatigue ne l'atteignait pas…

Même mon entourage professionnel a été formidable. Je travaillais seul mais avec beaucoup de correspondants, ma «tribu Garibaldi». Ils se sont tous mobilisés, durant cette hospitalisation, pour que ma société ne pâtisse que le moins possible de mon absence. Ça a été un immense élan d'entraide et de solidarité.

Ce premier séjour à Necker a duré trois semaines environ, le temps qu'on me stabilise. J'ai pu avoir une permission sur un des week-ends. Je suis sorti de l'hôpital, il pleuvait. Je n'oublierai jamais la sensation de la pluie sur mon visage, les gouttes d'eau qui ruisselaient. J'étais vivant. Je n'en avais jamais eu une conscience aussi aiguë. J'avais quarante-huit heures de liberté devant moi, je suis immédiatement parti pour Marseille, avec un couple d'amis. C'était l'hiver. Il y avait la mer, grise et glacée. Je n'ai pas résisté, j'ai défait mes chaussures, je suis allé marcher dans l'eau. J'existais.

Finalement, il me restait un peu de fonction rénale, j'ai pu éviter la dialyse immédiate. Grâce aux traitements mis en place, au contrôle de ma tension, j'ai même pu gagner un an de sursis. Mais je ne savais pas encore que je disposais de ce temps lorsqu'on m'a expliqué les options qui s'offraient à moi.

Comprendre ce qu'était la dialyse et comment elle pourrait s'inscrire dans ma vie, concrètement, a été un nouveau choc. Même dans ses versions les plus «autonomes», comme l'autodialyse qu'on me recommandait, c'était tellement à l'opposé de ce que j'étais, de la manière dont je vivais, moi l'hyperactif, le passionné ! C'était la perspective d'une perte de liberté, d'une aliénation, de tant de renoncements qui me paraissaient insupportables... Ça m'a mis les boules. Alors, très vite, je me suis saisi de l'espoir de la greffe. La solidarité dont j'étais enveloppé n'a pas failli, tous mes proches voulaient me donner un rein. J'ai eu un moment le vertige face à la responsabilité de «choisir» qui serait mon donneur. Et puis on s'est vite concentrés sur le premier cercle : mes parents, mon frère Serge. Mon père était plus âgé, il a été disqualifié. Ma mère était extrêmement motivée, très insistante pour donner. Elle voulait que ça aille vite. Elle a vu le professeur Legendre, ça s'est bien passé, il lui a dit qu'elle ne courait pas plus de risque qu'en traversant à un passage piéton. En ressortant de cette consultation, elle était plus que jamais à fond. L'aventure avait vraiment commencé.

En parallèle, j'ai tant bien que mal repris le cours de ma vie, le boulot, auquel je ne pouvais pas me permettre de renoncer, que je ne souhaitais surtout pas mettre entre parenthèses. Je n'étais pas en très grande forme, mais j'ai tenu, et ma société aussi, malgré quelques bilans pas terribles...

Et puis le moment de la greffe est enfin arrivé. Je me suis totalement laissé porter, j'étais heureux de pouvoir échapper à la dialyse. J'avais juste peur pour ma mère. Elle est très importante pour moi. Ce n'était pas une très grande peur, je savais que le risque était très faible. J'avais peur qu'elle ait mal. Elle, elle n'avait peur de rien. Elle voulait juste qu'on lui prenne ce rein, qu'on me le donne et qu'on n'en parle plus. Si j'avais eu besoin d'une tête, cela aurait été exactement la même chose. J'ai été très porté par sa volonté farouche.

Lorsqu'on est venu la chercher pour l'emmener au bloc, on s'est enlacés, on s'est dit « À demain »... et elle était partie. Mon souvenir d'après, c'est lorsqu'on s'est réveillé côte à côte. On s'est regardés et, juste avec les yeux, on s'est dit que tout allait bien. Et on s'est rendormis, apaisés, tranquilles. C'était fait. Quelques jours plus tard, on était sortis de l'hôpital. Je me suis remis au boulot très vite. Ma vie a repris son cours, différemment. J'ai été un peu chahuté au début, les contrôles très fréquents, un rejet aigu, un traitement de cheval pour le juguler. Et puis la greffe a pris son rythme de croisière. Au début, j'avais peur d'oublier mes médicaments, je mettais des alarmes. Et puis c'est devenu une sorte de réflexe, totalement intégré. Ce n'est plus une menace.

Pour ma mère tout va très bien aussi. Elle est suivie, une fois par an elle va faire un contrôle à Necker. Parfois sa tension est un peu élevée, mais il paraît que c'est le syndrome de la blouse blanche. La greffe a déclenché des choses chez elle. Elle avait un livre en préparation depuis plus de vingt ans. Elle l'a fini peu de temps après l'opération. Et, depuis, elle en a écrit sept ou huit autres. Elle fait du théâtre, apprend la langue des signes. Elle a aussi écrit une nouvelle sur notre aventure. À part ça, elle ne frime pas, n'en parle jamais.

Je suis donc désormais dans l'après. Je sais que la maladie chronique est en moi, qu'elle ne s'en ira plus. Elle est présente, mais pas comme une obsession. Simplement comme une conscience de ma vulnérabilité et du fait que la vie est précieuse et fragile. La vie, les amis, l'amour, les passions... Tout ça compte, peut-être encore plus qu'avant. Tout ça nourrit mon corps, mes yeux et mon âme. J'ai plus que jamais soif de vivre et d'en profiter. J'ai toujours été un épicurien, la maladie n'a pas arrangé les choses. Je m'adapte à ma nouvelle condition, en limitant les renoncements. Par exemple, je fais désormais une heure de sport par jour pour pouvoir continuer à manger et à boire sans me priver. Toute cette expérience m'a aussi apporté des facultés nouvelles, par exemple celle d'occulter tous les trucs négatifs et qui n'ont pas d'importance.

Je continue à voyager, à explorer des destinations lointaines et exotiques. J'ai fait le Nord de la Thaïlande en moto, sur trois semaines. Guidé par un ami qui connaît parfaitement la région, je suis allé à la rencontre d'ethnies birmanes, dans les montagnes... Il y a bien quelques pays qui sont devenus un peu trop dangereux pour moi et, ceux-là, j'y renonce. Je vis ces rêves lointains au travers des récits de mes copains qui sont partis à leur rencontre...

Je n'oublie rien, je me dis souvent que j'ai du bol d'être né du bon côté du monde, d'avoir une mère en bonne santé, qui m'a donné un bon rein, d'avoir été entouré d'amour et bien soigné.

Chaque matin, mon réveil sonne à 6 h 30.

Je me lève et je salue le soleil pour le remercier.

Le don m'a grandie

Gisèle

Gisèle, 72 ans, a été professeur de mathématiques. Passionnée de littérature et de cinéma, elle a publié plusieurs ouvrages.

Je n'avais jamais connu la maladie grave avant d'être confrontée à celle de Bruno. J'ai pourtant accompagné mes parents dans leur fin de vie. Ils sont morts chez moi, mais c'était différent, ma mère avait 67 ans, mon père 76, c'était un peu dans l'ordre des choses.

Et puis un jour, mon fils s'est effondré.

Ça faisait un petit moment que je ne le trouvais pas bien. Il avait eu cet accident de ski, il était fatigué, sur les nerfs. Ça m'inquiétait un peu, mais je n'aime pas trop interférer dans la vie de mes enfants, alors je n'ai rien dit.

Lorsqu'il a été hospitalisé en urgence, j'ai tenu bon. Je me disais : il est fort, il va lutter, il va s'en sortir... Et on sera tous près de lui. Les médecins vont soigner son corps et nous, ses proches, on va le soutenir, l'entourer, ne plus se consacrer qu'à lui. Bruno avait besoin d'amour. C'est ce que nous avons fait.

Je voyais bien qu'il était très malade, que c'était grave. Il a été en réanimation. Il était en phase terminale d'une polykystose, avait une double phlébite, de l'eau dans les poumons... Mais j'étais confiante.

Et puis j'ai assez vite compris qu'il y avait cette possibilité de greffe et que c'était la seule solution. Il n'y avait pas d'autre choix que de donner un rein à Bruno, le plus tôt possible. Et ce rein, ce serait le mien. Je n'ai pas réfléchi une seule seconde, c'était une évidence absolue pour moi. Je ne me suis posé aucune question.

Je n'étais pas la seule sur les rangs. Son frère aîné, Serge, a fait tous les examens dans son coin, sans rien dire à personne, puis il est venu se proposer : « J'ai deux bons reins, je t'en donne un. » Mais le don aurait été plus difficile pour Serge, marié et père de deux jeunes enfants. Et puis je sais que si Bruno a besoin d'un autre rein, plus tard, son frère sera toujours là pour lui.

Bruno a le même groupe sanguin que son père, qui lui aurait proposé son rein s'il n'avait pas été lui-même gravement malade. Ma sœur, sa tante, souhaitait également donner.

Je voulais que ce soit moi, mais c'était rassurant aussi de savoir qu'il y avait plusieurs candidats au don, de voir que nous réagissions tous de manière si positive.

Nous faisions tout ce qu'il était possible de faire. Il n'y avait aucun doute, ça allait marcher, il allait s'en sortir.

J'ai enseigné les maths pendant quarante ans. J'ai toujours été bonne en maths. Mais, en même temps, je suis plutôt littéraire... Plus que la discipline, je crois que ce que j'aime vraiment, c'est enseigner.

C'est donner envie. Je suis convaincue que les maths sont très liées à l'affectivité. N'importe quel élève qui aime son prof de maths peut très bien réussir dans cette matière, au moins jusqu'en seconde.

J'ai commencé à enseigner à 19 ans, en Tunisie, à des élèves qui étaient plus âgés que moi. Je me suis mariée et nous avons quitté la Tunisie en 1966 pour le Cambodge, où nous sommes restés deux ans. Mon mari enseignait le français. Serge a fait ses premiers pas là-bas, peu de temps après notre arrivée. Puis, nous sommes allés au Maroc et Bruno est arrivé à son tour. C'est à cette période que les problèmes dans notre couple se sont aggravés.

Cette période a été très difficile pour moi, je l'ai vécue comme un échec. Ensuite, je suis allée m'installer en France et j'ai rencontré Gérald, qui a été mon nouveau compagnon. Il a beaucoup apporté à mes enfants, il leur a donné des repères. Il est mort en 1986. Mes deux fils ont eu des adolescences difficiles. Je ne savais pas être père et mère en même temps. Ce sont des enfants de 1968, ils ont grandi avec ces aspirations à une grande liberté : « Il est interdit d'interdire »...

Bruno est un homme profondément libre et indépendant. La dialyse, c'était trop pour lui. Trop contraignant, trop fatigant, trop déprimant, trop emprisonnant. Il y allait avec sa voiture, je trouvais ça inquiétant. Je me disais qu'il pouvait lui arriver n'importe quoi pendant ces trajets, alors qu'il était malade et fatigué. J'avais tellement hâte que la greffe arrive, qu'on le sorte de tout ça.

Moi j'étais en bonne forme. Tous les bilans l'ont confirmé. Je savais que mon rein était bon, un peu vieux peut-être, mais j'avais confiance en lui. À aucun moment je n'ai eu la moindre anxiété concernant cette greffe. Au contraire, c'était un élan formidable, c'était l'espoir. J'aurais voulu qu'on aille bien plus vite. Mais il fallait attendre encore et encore. Qu'il soit en meilleure forme, qu'on fasse les examens, les démarches. Les jours s'ajoutaient aux jours, les semaines aux semaines. On a attendu comme ça pendant près d'un an… C'était pénible, usant, frustrant, cette attente. À la fin je n'en pouvais plus, j'étais si impatiente !

J'ai vite compris que recevoir ce rein n'était pas chose aisée pour Bruno. Il a mis beaucoup de temps à l'accepter. Nous en parlions peu, il était dans son combat, dans sa lutte contre la maladie, pour sauver son entreprise, pour sa vie. Les difficultés de la dialyse ont sans doute beaucoup compté dans son cheminement. Ce temps, qui m'a paru si insupportable, excessivement long, était probablement une nécessité pour lui. Il en avait besoin pour accepter ce don, physiquement et moralement. Il faut être très généreux pour recevoir, bien plus que pour donner. C'est infiniment plus difficile.

Ce don de rein était ma toute première « vraie » intervention chirurgicale. On m'avait dit que je ne courais pas plus de risques qu'en traversant la rue.

Comme le prévoit la procédure, j'ai dû aller quelques jours avant la greffe rencontrer un magistrat, qui était supposé vérifier que mon consentement était bien « libre et éclairé ». Ça se passait au tribunal de grande instance de Paris. Je suis arrivée très en avance, mais il y avait une file d'attente immense… Je me suis rendu compte que, parmi les gens qui attendaient, il y avait tout le public du tribunal, des gens qui venaient voir des prisonniers… Tout le monde était mélangé, c'était extrêmement stressant. J'ai eu l'impression que j'avais quelque chose à me reprocher ou que je venais demander une sorte de faveur. Lorsque je me suis trouvée devant Mme le juge, je me suis rendu compte que je n'avais pas amené le livret de famille. Personne ne m'avait dit qu'il fallait l'apporter. J'avais tous les documents, sauf celui-là. J'ai dû repartir chez moi le chercher. Je me sentais épuisée et découragée.

Enfin, le jour J est arrivé. La veille de l'intervention, nous étions convoqués tous les deux à l'hôpital pour 13 h 30. En fait, nous avons dû attendre toute l'après-midi qu'on nous attribue des chambres. Ce soir-là, nous nous sommes retrouvés, Bruno et moi, dans les couloirs de l'hôpital, où le calme s'était enfin installé. C'était très émouvant, nous nous sentions si proches ! Mon fils m'a dit : « Je t'aime, maman, c'est énorme, ce que tu fais pour moi... »

Le lendemain matin, je suis partie la première pour le bloc. Je ne me rappelle de rien, même pas du chirurgien. Le seul moment dont je me souviens de manière très précise, c'est celui où j'ai ouvert les yeux, en salle de réveil, après l'intervention. Mon regard a immédiate-ment plongé dans celui de Bruno, qui était dans le lit à côté du mien. J'ai su instantanément qu'il allait bien. Il n'y avait pas de douleur, pas d'appréhension, juste cette certitude. C'était accompli.

Et la vie a très vite repris ses droits, dans les jours qui ont suivi. On a pu se balader dans le service avec nos « perfs » et nos tuyaux, recevoir des tas de visites de parents et d'amis. Tout était bien.

Avant la maladie de Bruno, il y avait une certaine distance entre nous. Aujourd'hui, peut-être en partie grâce à ce don, mon rapport avec lui est devenu très facile, très authentique. Je ne suis pas intrusive, chacun a sa vie, mais nous sommes devenus très proches. Je lui ai dit qu'il ne devait pas se sentir redevable vis-à-vis de moi. D'ailleurs il me voit, je n'ai pas changé, je n'ai pas souffert de ce don. Au contraire, j'en bénéficie puisque lui va très bien. Je suis heureuse de le voir en bonne santé. Presque dix ans plus tard, je suis devenue une mémé très active, en pleine forme.

Le don renvoie une image très positive, pour moi et pour les autres autour de moi. Je l'ai toujours senti. Mais, au-delà des apparences, donner mon rein m'a grandie. Ça a été une des plus grandes, des plus belles expériences de ma vie. Quelques jours après ma sortie de l'hôpital, j'ai écrit une nouvelle sur ce que nous venions de vivre. Ensuite, j'ai terminé l'écriture d'un livre que j'avais laissé en plan des années auparavant. Et je ne me suis plus arrêtée d'écrire, j'ai même réalisé un film. Depuis ma jeunesse, je suis passionnée par Romain Gary, un écrivain extraordinaire. J'ai fait partie de ceux qui étaient certains qu'Émile Ajar et lui ne faisaient qu'un. Depuis la maladie de Bruno, je me suis investie dans cette passion, j'ai découvert la correspondance entre Romain Gary et Louis Jouvet, je donne des conférences à ce sujet, pour mon plaisir...

Je sais que mon fils ne s'en est pas sorti tout à fait indemne. Il est différent, transformé. Peut-être que cette maladie l'a guéri, d'une certaine façon. En tout cas elle lui a permis d'acquérir une nouvelle forme de spiritualité de la vie. Il s'est révélé à lui-même. Avant d'être malade, il était déjà débordant de passions et de désirs : le cinéma, les voitures, le sport, les amis... Mais tout cela a été encore magnifié par ce qu'il a traversé. J'admire profondément mon fils quand il dit qu'il ne veut pas perdre une seule goutte de vie.

Une attitude authentiquement affective...

Élisabeth Tomkiewicz

Élisabeth Tomkiewicz est une jeune néphrologue. Elle exerce à Rennes, après s'être formée à Paris. Elle soigne essentiellement des patients traités par hémodialyse.

Mes parents étaient psys tous les deux. Ils m'emmenaient dans un centre pour jeunes délinquants où ils travaillaient. Ils m'ont transmis ce que je devais savoir et ce que j'essaie de faire aujourd'hui avec mes patients : prendre le temps, avoir de l'empathie, écouter, être indulgente, tenter de valoriser l'individu face à la maladie qui dégrade. Connaître son patient, complètement. Ils m'ont enseigné qu'on ne peut pas bien soigner sans prendre le temps de connaître l'être humain qu'on a en face de soi et sans être véritablement concerné par celui dont on prétend s'occuper.

On a diagnostiqué un cancer à ma mère lorsque j'avais 9 ans et demi. Elle en est morte deux ans plus tard. C'est en la regardant se dégrader et souffrir, en voyant des soignants la maltraiter, que j'ai décidé de devenir médecin. Je voulais sauver les gens, le monde. Plus tard, j'ai réalisé que ça n'allait pas être possible !

À ce moment-là, j'étais étudiante en médecine et mon père m'a aidée à comprendre qu'il y avait d'autres façons d'aider les patients. Régulièrement, je lui racontais mes journées d'externe, mes premiers contacts avec les patients, ce qui s'était passé. Il réagissait à chaque anecdote, pointait du doigt chaque situation de maltraitance, d'absence d'écoute, de manque d'accompagnement. Il me disait : « Ton patron, là, tu n'aurais jamais dû faire ce qu'il t'a dit… » J'ai énormément appris auprès de lui, à cette période de ma vie.

Psychiatre, il s'est beaucoup occupé d'adolescents en difficulté, avec une approche très originale, pour l'époque et pour la médecine. Il établissait une relation de grande proximité, très chaleureuse, avec ses patients. Il avait cette faculté de leur faire percevoir l'affection qu'il leur portait. Il a appelé ce concept « l'attitude authentiquement affective », ou « AAA ». Il expliquait qu'il avait trouvé cette formule pour donner un air scientifique à cette manière de fonctionner. L'idée essentielle était qu'il fallait transmettre à chaque adolescent le sentiment qu'il était aimé, intrinsèquement et quoi qu'il fasse, et garder ensuite cette attitude pendant toute la durée de la relation. Son approche est très éloignée des principes de la relation thérapeutique telle qu'on nous l'inculque tout au long de nos formations de soignants. On nous apprend au contraire la prise de distance, la non-implication personnelle, la neutralité bienveillante… Mon père trouvait ces principes paternalistes et condescendants à l'égard des patients. Il m'en a rapidement convaincue. Très vite, j'ai tenté d'appliquer l'AAA à mes propres malades, qui avaient finalement bien plus en commun avec ses ados en déshérence qu'on n'aurait pu l'imaginer.

Je suis devenue néphrologue, ce n'était pas une vocation, et j'ai d'abord voulu me spécialiser en greffe rénale, pour finalement m'orienter vers la dialyse. Un choix un peu étonnant, puisque je n'ai jamais eu de bonnes relations avec les maths et la physique !

Je n'ai aucune attirance pour la technique. Heureusement, elle se passe très bien de moi, la technique. L'excellence des infirmières et la très haute technicité des machines me permettent de me concentrer sur autre chose. Ce qui m'intéresse, ce sont les patients. Et je trouve que cette discipline, la néphrologie, et particulièrement la dialyse, n'est pas tendre avec eux.

Durant ma formation, j'ai été fortement influencée dans ma pratique par le docteur d'Auzac : il pratiquait l'enseignement par l'exemple, c'était du vrai compagnonnage. Lorsque je suis arrivée à l'hôpital européen Georges Pompidou, je n'avais jamais fait de dialyse. La première fois que je suis entrée dans une salle de dialyse avec lui, je l'ai vu d'abord dire bonjour à chacun des patients. J'ignorais encore que c'est plutôt rare comme habitude...

Puis il s'est approché d'une dame et lui a tendu ses deux mains, qu'il avait toujours glacées. « Réchauffez-moi... », lui a-t-il dit. J'ai pu voir alors le visage de cette femme s'éclairer, elle a pris ses mains dans les siennes. C'était un moment de grâce : il avait totalement renversé les rôles.

Ça n'avait rien d'exceptionnel, il était comme ça avec tous ses patients. Il disait un mot gentil à chacun d'eux, pour leur montrer qu'ils comptaient. «Ça me fait plaisir de vous voir, vous êtes souriant...» Et il leur consacrait énormément de temps, de mots, d'écoute. Son attitude, sa présence les aidait à accepter ce qu'ils traversaient. Il créait avec eux ce lien «authentiquement affectif», celui-là même que mon père prônait. Peu importe que ce soit de l'affection, de l'amitié, de l'amour ou autre chose. Ce qui comptait, c'est que c'était vrai, et les patients le savaient. Pour autant, il refusait absolument qu'ils considèrent qu'ils lui devaient tout... Il leur disait : «Je vous vole votre temps!»

Il admettait ainsi que nous, néphrologues, nous imposons à nos patients des contraintes majeures, écrasantes, les privons d'autonomie au sens le plus primitif du terme, et ce en invoquant une nécessité qui me semble parfois discutable. Nous sommes très dogmatiques! C'est comme si nous participions d'une forme de rédemption! Il y a le poids de l'histoire, de la culpabilité. Des choses qui ne sont pas réglées, des non-dits. Pour beaucoup de médecins, les patients devraient avant tout être reconnaissants d'être là, pris en charge, maintenus en vie au prix fort grâce à cette dialyse qui n'existait pas il y a cinquante ans. On entendrait presque : «Regardez combien vous coûtez. C'est un cadeau que la société vous fait. Vous devez montrer votre gratitude... Être soumis, obéir. Vous nous appartenez.»

Le non-respect de l'autonomie d'un patient peut s'illustrer par cet exemple vécu : un patient d'origine africaine était dialysé; son fils s'est retrouvé en prison dans une autre région. Le patient a donc eu besoin de se déplacer régulièrement, changeant de centre de dialyse. Il n'était pas très organisé et, parfois, restait plus longtemps que prévu sans toujours prendre la peine de prévenir son centre de référence... On savait que sa situation était difficile, douloureuse. Il avait besoin de cette souplesse, c'était le moins qu'on pouvait faire pour lui ; certes, il aurait été préférable et plus courtois qu'il prévienne le plus tôt possible de ses absences. Mais, en miroir, l'institution (qui, elle, n'est pas malade) aurait pu admettre que la vie de cet homme était rendue extrêmement compliquée. Les patients n'appartiennent pas au centre, ils ne leur doivent ni allégeance ni obéissance. Un courrier administratif a finalement été adressé à ce patient, le menaçant de ne plus lui garantir sa place si son comportement ne changeait pas... À mon sens, il s'agit purement et simplement d'une privation de liberté individuelle.

Concernant la prescription de dialyse, elle est « normée » à 90 % sur le territoire, je veux dire par là que le schéma « classique » de dialyse est aujourd'hui de trois séances d'environ quatre heures par semaine.

Mais qui a fait ce choix ? Quelles études scientifiques ou essais cliniques ont montré sa supériorité ? On sait bien qu'il est insuffisant pour un grand nombre de patients. Il a surtout été retenu pour s'adapter aux contraintes d'organisation et de rentabilité des centres. C'est un format minimal. Mais ça, peu de malades le savent. On leur rebat les oreilles avec le sel, le phosphore, le potassium, l'eau, les médicaments, au prétexte que « c'est pour leur bien ». Mais si on voulait vraiment qu'ils soient dialysés de manière optimale et qu'ils vivent dans de meilleures conditions, voire plus longtemps, il faudrait leur proposer des modalités de dialyse différentes... Par exemple, la dialyse longue nocturne, trois fois huit heures par semaine, ou l'hémodialyse quotidienne, six fois deux heures par semaine... On ne peut pas, ne veut pas le faire, pourquoi? Pour des raisons financières? Pour des questions organisationnelles? Chaque patient qui peut recevoir une dialyse optimale et personnalisée voit immédiatement son bien-être s'améliorer et beaucoup de ses contraintes, diététiques et médicamenteuses, s'alléger fortement.

Nous savons bien qu'un grand nombre des contraintes quotidiennes (fatigue, complications, régime, privation d'eau, nombreux médicaments) peuvent être limitées par une dialyse mieux adaptée. Est-ce à nos patients d'assumer seuls notre incapacité ou notre absence de volonté à leur délivrer la meilleure dialyse? J'estime qu'il est de notre responsabilité au contraire de tout faire pour qu'ils vivent le moins mal possible cette situation.

À l'inverse, je vois ces patients âgés et très âgés, qui de toute façon n'ont plus que quelques années devant eux.

À ces patients, comme aux autres, on assène des règles, des régimes, des privations considérables. Les contraintes diététiques sont drastiques: pas de sel, pas de potassium (fruits, légumes...), pas de phosphore (produits laitiers, poissons, fruits de mer...). On les empêche de boire à leur soif, on leur fait avaler des tas de médicaments, dont certains sont des poudres ou des pâtes parfaitement immangeables.

Et pour quel impact concret sur leur survie, à titre individuel? Un mois, deux mois? Six mois de plus? Sur quatre ou cinq ans au total? Est-ce qu'on leur demande leur avis? Est-ce qu'ils ne préféreraient pas avoir plus de liberté, plus de qualité de vie, au prix (théorique) de quelques semaines de vie en moins? Est-ce qu'il ne faudrait pas au moins leur laisser ce choix?

Parfois certains patients arrivent le lundi en dialyse avec plus de quatre kilos à perdre, parce qu'ils se sont un peu lâchés la veille en s'offrant un gueuleton en famille, par exemple... Ils se font alors sermonner par les médecins ou les infirmières... Pourtant ils sont là, bien vivants ! Qui sommes-nous pour le leur reprocher ?? Pour ne pas se réjouir qu'ils aient pu passer un bon moment avec leurs proches ? Et si nous étions à leur place ? Que révèle ce sermon, si ce n'est notre propre peur de soignant de voir survenir une complication ? Pourquoi ne pas faire confiance au patient, qui apprend très vite par lui-même jusqu'où il peut aller ? Ça me sidère, cette incapacité à l'empathie, à la compréhension de l'autre, à l'indulgence. Qui d'entre nous accepterait d'être admonesté parce qu'il a fait la fête ? C'est infantilisant, avilissant, violent.

Pour beaucoup de patients, la dialyse que nous proposons est insuffisante. Pour quelques-uns, âgés ou très âgés, la réflexion sur la possibilité de réduire la fréquence des séances n'a presque jamais lieu. C'est trois ou rien, la même chose pour tout le monde. Or ce n'est pas comme s'ils devaient s'assurer des décennies de survie. On pourrait probablement proposer à certains d'entre eux de passer à deux séances par semaine. En leur expliquant bien les enjeux, en leur laissant le choix.

Par exemple, ce patient de 77 ans, dialysé depuis quatre ans, ne veut plus venir trois fois par semaine. Je lui ai expliqué qu'il pouvait rester à deux fois, qu'il vivrait peut-être un peu moins longtemps, qu'il aurait sans doute besoin de faire un régime un peu plus contraignant et que sa tension serait un peu moins bien contrôlée. Je lui ai tout dit, et aussi qu'il avait le choix. Il a dit : « Banco. » Il vient en dialyse les samedis et les mardis. Ce rythme lui convient très bien, il va plutôt bien, il a une légère surcharge, des petits œdèmes[1]. Mais il est content. Il fait attention car il a constaté que de trop grandes prises de poids ne lui convenaient pas. Mais il préfère cela à la contrainte d'une séance supplémentaire, il a eu le choix, c'est un pacte... Pourtant, chaque samedi, il voit un autre néphrologue, et il n'est pas rare qu'on lui propose de passer à trois séances «pour son bien». Ces propositions «bienveillantes» l'angoissent terriblement, et tous les mardis je dois le rassurer et lui promettre qu'il pourra rester à deux fois.

Il arrive un âge où la qualité de vie et les choix du patient doivent primer sur d'autres considérations... Mais ce constat n'entre que lentement dans la culture des néphrologues.

J'avais un autre patient qui avait fait ce choix de deux séances par semaine. Quand il partait en vacances, le centre susceptible de l'accueillir lui disait : «Ici, c'est trois séances ou rien.» Aucune souplesse, aucune adaptation, aucune réflexion... Et toujours cette menace, terrible, inacceptable : «Si vous n'êtes pas d'accord on ne vous dialyse pas...»

Ce chantage à la mort est très présent en dialyse. Un patient prend mal son traitement, respecte mal son régime, a sauté une dialyse? C'est tout de suite un drame, on s'énerve, on sermonne, on envoie des lettres recommandées (la procédure!) pour finir parfois par s'écrier : «Oh! Et puis moi je m'en fous, c'est pour vous!» Or, dans une optique d'attitude authentiquement affective, il est inconcevable de s'en foutre!

---

1. Rétention pathologique de liquide dans les tissus de l'organisme, liée ici au non-fonctionnement des reins et à une durée de dialyse insuffisante pour soustraire entièrement cet excès de liquide.

Est-ce qu'il n'y a pas une autre façon de faire avec ces patients qui prennent des risques, sans pour autant être suicidaires ou déraisonnables ? Est-ce qu'on ne peut pas envisager les choses différemment ? Avant de leur sauter à la gorge, a-t-on pris le temps de s'asseoir à côté d'eux, de parler, de leur demander qui ils sont, ce qu'ils font, ce qu'est leur vie ? De tenter de les comprendre ? C'est cela aussi, soigner. Ça passe par la connaissance intime de la personne qu'on a en face de soi.

Comment peut-on s'imaginer qu'ils ont tous intégré la physiopathologie de la dialyse et peuvent donc suivre à la lettre les consignes ou les ordres qui leur ont été donnés ? Avec l'éducation thérapeutique on a franchi un pas. En effet, comment accepter de telles contraintes sans pédagogie, sans faire comprendre à quoi elles servent ? Mais tous les profs le savent : on ne fait pas boire un âne qui n'a pas soif ! Les menaces de mort sont contre-productives. Accepterions-nous cela si les rôles étaient renversés ? Faites tout ce que je vous dis, sinon vous mourrez, et moi je m'en tape...

Seule l'affection que nous portons à nos patients permet de franchir ce dernier pas qui va de la compréhension à l'acceptation.

La dialyse est une prison.

Les patients le disent, tous, sans exception, lorsqu'on leur laisse une chance de l'exprimer. Ils le disent avec leurs mots, leurs références. Certains le disent en souriant, en plaisantant, d'autres avec violence et révolte. Ce n'est pas tant la dureté qu'ils dénoncent, c'est surtout la contrainte. « Ça ne fait pas mal, l'infirmière est gentille, on a un goûter… Mais quand même, ça revient tout le temps, c'est tous les deux jours… »

Occuper ce temps « perdu » en dialyse est un enjeu essentiel. Quatre heures, c'est très long. Il y a peu la télé d'une des salles de dialyse était en panne et les patients râlaient. Et les infirmières râlaient contre les patients, « parce que, franchement, pour ce qu'ils regardent, ils peuvent bien s'en passer ». Eh bien non, justement ils ne peuvent pas. Ils sont cloués sur leurs fauteuils. Quand on voit comment chacun de nous peut s'ennuyer durant un trajet en train de deux heures… On peut s'imaginer combien c'est pénible d'être immobilisé quatre heures tous les deux jours. Et combien c'est important de tenter de remplir ce temps.

Le temps est long aussi pour les infirmières qui, parfois, happées par la routine, s'éloignent des patients. Elles n'arrivent plus à comprendre ce qu'ils vivent, elles ont l'impression qu'elles sont dans le même bateau qu'eux. Lorsque je les entends se plaindre pendant les séances, expliquer en long et en large à leurs malades combien leur métier est dur, combien elles sont fatiguées, mal payées, ça me met hors de moi. Même si c'est parfaitement vrai, ce n'est pas le problème du patient dialysé. Elles n'ont aucune conscience de la portée de leurs mots, c'est une forme de maltraitance que de dénier au patient sa position de souffrant.

Pour sortir de cette prison, enfin, il y a l'espoir de la greffe. Il est immense, cet espoir, et on le comprend. Ils n'ont qu'une envie, c'est d'être greffés, pour pouvoir échapper à la dialyse, « se barrer ».

Lorsque l'un d'entre eux est appelé, on sent que tout le monde se réjouit pour lui mais qu'il y a aussi une pointe de jalousie... «Pourquoi lui et pas moi? Je suis inscrit depuis plus longtemps... On m'a oublié...»

Certains de mes confrères néphrologues sont vexés que leurs patients attendent tant la transplantation. Ici on peut parler de «maternalisme», le sentiment de cette mère qui ne laisserait pas son enfant prendre son envol... Comme s'ils voulaient les garder. Alors inconsciemment, parfois, ils les découragent un peu, leur répètent: «Vous verrez, vous serez toujours malade, la greffe, ce n'est pas forcement la panacée.» Sans même envisager que, même «toujours malade», ça change tout de ne pas être immobilisé trois fois quatre heures par semaine...

Tout cela fait que la vie des malades dialysés est dure et compliquée. Et qu'ils ont besoin d'être soutenus.

Alors, comment mettre en place une attitude authentiquement affective?

Durant mes visites en centre, je vais voir chacun des patients, je dis bonjour (ça semble trivial, mais ça ne coule pas de source), je dis mon nom, je m'assois! Je leur demande comment ils vont, ce qu'ils ont fait ce week-end, ce qu'ils feront le prochain. J'essaie de remarquer un changement de coiffure ou un effort vestimentaire, je demande des nouvelles du conjoint, des enfants... Si certains n'ont pas envie de parler, je n'insiste pas. Si certains dorment, je ne les réveille pas. La sacro-sainte visite trihebdomadaire n'a de sens que si le patient a besoin de nous d'un point de vue médical ou relationnel: il nous faut aussi admettre qu'ils peuvent ne pas avoir envie de nous voir!

J'essaie d'avoir de l'empathie pour ce qu'ils vivent, d'être vraiment là, avec eux (je n'accepte jamais de prendre une communication téléphonique pendant que je leur parle, par exemple). Je leur donne le droit de râler, de ne pas être contents, de ne pas être des patients « idéaux ».

Une fois qu'on a établi cette relation, les choses deviennent plus faciles, pour tout le monde. Les patients savent qu'ils peuvent discuter, demander, protester, qu'ils ne seront pas écrasés par le pouvoir médical. Ils vont mieux.

Je trouve aussi que la médecine s'est beaucoup éloignée des corps. Je tente de maintenir ce lien, le toucher. Je prends souvent la main de mes patients. À chaque fois ils répondent, il y a un échange, une adhérence. Dans les consultations, je n'abandonne pas l'examen clinique, quand bien même je ne recherche pas quelque chose de précis, juste établir un contact tactile, doux, calme, avec ces corps multiagressés. Même en séance, je suis souvent amenée à les examiner, après avoir obtenu leur accord et fait le nécessaire pour préserver leur intimité, en installant un paravent, par exemple.

On me reproche souvent ma manière de faire, de passer trop de temps avec eux, de trop m'impliquer affectivement. Pourtant, je n'ai jamais eu à m'en plaindre. Avec certains d'entre eux, les relations deviennent même plus proches, amicales. Personne n'en a jamais abusé. Ils instaurent une sorte de respect distant entre nous, ils ne débordent pas. Je donne très largement mon mail et mon numéro de portable, et ça ne m'a jamais posé le moindre problème.

Je ne souffre pas de ma pratique. Je ne ressens pas le besoin de me protéger ! Même quand mes patients meurent. J'entends la nouvelle, j'oublie. J'en ai vu tellement.

On meurt beaucoup en dialyse. Assez souvent, ces décès sont perçus comme un soulagement pour la famille, pour l'équipe, la fin des souffrances. Quand ils peuvent décéder chez eux, c'est bien. Mais lorsque ça se passe pendant la séance, c'est plus difficile. Pour les autres malades, notamment. On essaie de les isoler, que ça se passe discrètement. Mais ils comprennent. Il n'y a pas de drames, pas de crises d'angoisse. Ils deviennent philosophes.

Mon objectif est de parvenir à armer ces gens, à les accompagner, pour qu'ils vivent moins mal leur maladie, leurs traitements. Mais je tente de ne jamais oublier que ce qu'ils affrontent, je ne le connais pas, puisque je ne le vis pas dans ma chair. Et toutes mes compétences techniques et médicales n'y changent rien. Alors, pour tenter de mieux comprendre, je les laisse en parler, eux. Ce que je vois chez beaucoup de mes confrères, c'est qu'ils font l'inverse. Ils considèrent qu'eux seuls savent. Ils ont fait les années d'études, ils ont les diplômes. Ce que vivent les malades ne les intéresse pas, ils n'arrivent pas admettre qu'il y a une « compétence » du patient vis-à-vis de sa maladie.

Ce qui me trouble, c'est que beaucoup de médecins sont bien plus inadaptés dans leurs relations avec leurs patients que dans la vraie vie. Ils sont capables du pire en tant que médecins, alors que ce sont par ailleurs de belles personnes. Ils se permettent avec leurs malades des comportements qui apparaîtraient totalement déplacés dans des échanges interhumains classiques. Et ça ne les perturbe pas plus que ça.

Je pense qu'il y a trois types d'explications. Le premier, c'est la peur de mal faire : « En me contentant de la technique, des actes, du respect des codes, de l'*evidence-based medicine*[2], personne ne pourra rien me reprocher. »

Le deuxième, c'est la peur de souffrir : « Si je m'implique trop, si je commence à l'aimer, je risque de souffrir avec elle ou lui, d'avoir mal, je serai triste. Alors je garde mes distances, quoi qu'il arrive. »

Le dernier n'est pas le plus reluisant. C'est le pouvoir. Celui de dominer les malades, de les faire chier, de leur faire peur. J'utilise des mots durs sciemment, parce que ça se joue au niveau inconscient et que cet inconscient-là, eh bien il n'est pas beau ! Le pouvoir de vie et de mort, aussi, qui est clairement présent en dialyse. User de son pouvoir, même si c'est à mauvais escient, peut devenir une source de satisfaction personnelle. C'est humain.

Je pense que pas mal de médecins gagneraient à entreprendre une bonne psychothérapie ou alors à passer de l'autre côté de la barrière, pour devenir eux-mêmes souffrants... En général, lorsque ça leur arrive, ça les change. Et ça fait beaucoup de bien... à leurs patients !

Quand j'écoute mes collègues, beaucoup de patients sont rapide-ment catégorisés comme « pas futés », voire pire... À partir du moment où vous n'exécutez pas un ordre simple, c'est que vous êtes con ! Pourtant, dans mon expérience, ça relève vraiment de l'exception, un patient con. Tous mes malades ont des choses à dire, quels que soient

---

2. Soit la médecine fondée sur les preuves, définie comme l'utilisation consciencieuse et judicieuse des meilleures données (preuves scientifiques) actuelles de la recherche clinique dans la prise en charge personnalisée de chaque patient.

leur classe sociale, leur diplôme, leur âge, leur origine... Récemment, j'ai reçu en consultation un vieux monsieur de 96 ans. Il a souri tout le temps, en m'écoutant parler. Alors, à la fin, je lui ai demandé pourquoi. Et là il m'a dit : « J'aime bien venir vous voir. Ça ne me sert à rien, mais ça me fait plaisir... »

Il y a une sorte de confiance et d'amour spontané et originel des malades envers les médecins. C'est une chance incroyable, cet *a priori* très positif. Et pourtant, la plupart du temps, on ne s'en sert pas. Ou, pire, on trahit ou on déçoit. C'est un beau gâchis.

Lorsque je repense à ma mère et à ses deux dernières années de vie, je comprends maintenant que rien ne pouvait être fait pour la sauver. Mais ce qu'on aurait pu faire, c'est se préoccuper d'elle, de sa douleur, de ses nausées ; et de sa fille de 10 ans, dont personne ne s'est à aucun moment inquiété. On ne peut pas guérir tout le monde. Mais on peut essayer de faire mieux, de soutenir, d'aider. Au-delà du *cure*, il y a le reste du problème, le *care*, « l'attitude authentiquement affective », ou quelque autre nom qu'on lui donne. C'est ce message que je tente de porter. Peut-être que je suis une idéaliste. Je suis convaincue qu'on peut faire mieux, à condition de prendre conscience de ce qu'on fait mal. Un de mes collègues a récemment tenu à rappeler un patient pour s'excuser de l'avoir brusqué durant sa séance. Un autre a changé progressivement d'attitude avec ses malades, il est bien plus gentil, patient, voire tendre. Les choses peuvent changer, les gens évoluer.

COMBATS

J'aurais pu être notaire

François Berthoux

Après avoir débuté sa carrière à Lyon dans le service de Jules Traeger, François Berthoux a fondé et dirigé le service de néphrologie du CHU de Saint-Étienne.

Originaire de la Bresse bourguignonne, j'aurais pu devenir notaire, comme mon grand-père, mon père et mon frère. J'ai aussi un moment songé à l'architecture. Mais c'est finalement la médecine que j'ai choisie. Lorsque j'étais adolescent, nous avions un voisin médecin généraliste. J'en ai beaucoup parlé avec lui. Il m'a renforcé dans mon envie.

Le problème de santé qui a marqué mes 16 ans a aussi sans doute joué un rôle. De manière soudaine, j'ai eu de la fièvre et j'ai uriné du sang. À l'époque on ne savait pas poser de diagnostic, on m'a parlé d'une infection du rein. J'ai pris des antibiotiques et tout est rentré dans l'ordre.

Deux ans plus tard, quand j'ai débuté mes études supérieures, cet épisode était loin derrière moi mais je ne l'avais pas oublié. J'ai fait mes premières années de médecine à Dijon, la ville universitaire la plus proche. À l'époque, l'école de médecine de Dijon dépendait de Lyon. J'étais bon élève, j'ai réussi l'externat de Lyon. Je me suis installé dans cette grande ville en juin 1964. Je me souviens combien je me suis senti complètement perdu… Après un semestre en chirurgie, j'ai décidé de rejoindre le service de néphrologie de Jules Traeger, à l'Antiquaille.

Cette fois encore, l'épisode rénal de mes 16 ans n'y était probablement pas totalement étranger. Je ne l'oubliais pas, j'avais l'intuition que ce n'était pas terminé. C'était en moi, comme une menace silencieuse. Je crois que c'est à cette époque que je me suis dit : « Plus tu seras expert, plus tu en apprendras, mieux tu pourras gérer cette maladie. » Le chemin était tracé. À Lyon, j'étais dans la mecque… Début 1965, on retrouve une protéinurie et du sang dans mes urines, ce qui montrait que mes reins étaient malades. Mais leur fonction restait normale et je n'avais pas d'hypertension. J'ai demandé l'avis d'un néphrologue ; il n'y avait rien d'inquiétant.

La néphropathie à IgA, également appelée « maladie de Berger », a été découverte en 1968 par le professeur Jean Berger, à Necker. C'est une maladie auto-immune, qui détruit progressivement les reins. J'ai rapidement soupçonné que c'était ce dont je souffrais… Pour confirmer ce diagnostic, il aurait fallu que j'aie une biopsie rénale, ce qui n'avait pas été fait à cette époque. Mais j'ai commencé à m'intéresser de très près à cette maladie.

Elle n'a cependant pas été l'unique raison de mon orientation vers la néphrologie.

C'était alors une spécialité naissante. Être chez Traeger dans ces années-là m'a permis de vivre une expérience incroyable, exaltante. Il y avait les premières dialyses, les premières greffes, des tentatives de xénogreffes à partir de reins prélevés chez des chimpanzés, la recherche sur les antirejets, notamment les sérums antilymphocytaires... Tout était en train de se construire, juste sous mes yeux, j'y participais.

En 1971 et 1972, je suis parti travailler à Boston, dans un autre lieu mythique : j'ai rejoint l'équipe de John Merrill, fondateur de la néphrologie aux États-Unis.

Merrill était un personnage étonnant. Il était francophone et il avait même travaillé à l'Institut Pasteur, à Paris. Comme je m'intéressais beaucoup à la recherche, je suis devenu *research fellow* et j'ai travaillé sur certaines maladies rénales, les glomérulonéphrites. Cette expérience m'a beaucoup ouvert l'esprit...

De retour en France, j'ai quitté Lyon pour Saint-Étienne en août 1975, comme assistant chef de clinique, puis, l'année suivante, j'ai été nommé professeur agrégé de néphrologie. À Saint-Étienne, tout était à inventer ; lorsque je suis arrivé, c'était le désert, il n'y avait qu'un seul centre de dialyse, ouvert deux ans plus tôt, à Saint-Jean-Bonnefonds. À l'hôpital, j'ai été accueilli par le professeur de rhumatologie, qui faisait un peu de néphrologie par la force des choses. Autant dire qu'il était très content de me voir arriver... Il m'a laissé quelques lits et j'ai commencé à faire des consultations, des biopsies, des diagnostics. Mais j'ai vite manqué d'autonomie, alors j'ai fait pression sur l'administration. On m'a donné un pavillon avec quinze lits et j'ai été nommé chef de service en 1978.

J'ai aussi créé un groupe de recherche qui s'est spécialisé dans la maladie de Berger. À partir de 1976, on a commencé à publier sur le sujet et à développer une expérience clinique importante, qui s'est poursuivie sur plus de trente ans. Nous avons aujourd'hui plus d'un millier de patients en suivi, une cohorte rétrospective[1] entre 1970 et 1990, puis prospective à partir de 1990. Ça nous a permis d'acquérir une reconnaissance internationale, de publier des résultats qui ont fait date.

En 1978, mon problème de santé s'est rappelé à mon bon souvenir : ma créatinine sanguine était devenue limite, ce qui signifiait que ma fonction rénale se dégradait, et j'avais une hypertension artérielle. Il fallait en savoir plus, une biopsie rénale était devenue nécessaire. À cette époque, j'étais le seul à savoir la faire à Saint-Étienne, j'ai alors demandé l'aide d'un collègue de la clinique du Tonkin : nous avions été assistants chef de clinique ensemble à Lyon. Les résultats ont été sans appel et ont confirmé mon intuition : maladie de Berger évoluée, avec des lésions graves. Avec l'hypertension et une protéinurie élevée, ça faisait trois facteurs de risque d'évolution vers l'insuffisance rénale terminale. J'ai reçu un traitement par corticoïdes pendant plusieurs mois et j'ai contrôlé au long cours mes chiffres tensionnels. On ne savait pas grand-chose à cette époque.

J'ai poursuivi mon parcours hospitalier, recruté des collaborateurs et constitué une équipe. Je souhaitais installer durablement la néphrologie à Saint-Étienne, faire en sorte que l'hémodialyse soit accessible à proximité de l'hôpital et surtout développer la greffe rénale. J'en avais parlé à Traeger, qui n'était pas très chaud, mais j'avançais. On a tout

---

1. Ensemble de patients atteints d'une maladie donnée dont l'étude dans la durée permet de mieux décrire les caractéristiques de la maladie, les facteurs de risque, les éléments du pronostic.

mis en place et on s'est lancé. La première greffe stéphanoise a eu lieu en mars 1979 et on n'a plus jamais arrêté. L'activité s'est installée peu à peu, pour parvenir à un rythme de soixante ou soixante-dix greffes par an, niveau auquel elle s'est stabilisée.

En 1982, le nouvel hôpital de Saint-Étienne a ouvert ses portes. J'ai pu avoir un service complet : une réanimation rénale, permettant de faire les greffes dans de bonnes conditions, un secteur de néphrologie, deux unités d'hémodialyse, mais aussi cinq praticiens hospitaliers et suffisamment de collaborateurs pour faire tourner toutes ces unités. Nous avons même bénéficié d'un laboratoire d'exploration fonctionnelle et anatomique nous permettant de lire nos biopsies rénales et de renforcer nos capacités de recherche.

Pendant ce temps, mes reins continuaient à se dégrader progressivement. Début 1987, la situation était critique. J'ai demandé aux chirurgiens vasculaires de l'hôpital de créer ma fistule artério-veineuse. Et, en septembre de la même année, j'ai débuté l'hémodialyse. J'avais alors 45 ans. J'ai mal vécu la dialyse. Physiquement, j'étais plutôt bien. Même en ne dialysant que deux fois par semaine, je faisais des séances plus longues, avec un débit important, pour améliorer l'épuration. J'avais une bonne qualité de dialyse, qui me permettait de ne pas être trop fatigué ni anémié. Mais quelle contrainte ! Dans mon quotidien, pour voyager, pour vivre, tout simplement...

Dès le départ, j'ai su que je voulais être greffé. 1987, c'était encore une époque héroïque pour la transplantation rénale. Pas autant que dix ans plus tôt, mais quand même. Je savais qu'il y avait de la casse, on maniait les antirejets un peu trop facilement. On surdosait les patients et ça pouvait être le drame. Certains de mes confrères, à l'époque, préconisaient encore à leurs malades de rester au moins dix ans en dialyse avant d'envisager une greffe. Malgré tout, pas une seule seconde je n'ai songé à suivre leur conseil !

J'ai très vite été inscrit sur liste d'attente, dans mon propre service. Et, dès février 1988, j'ai été appelé. La greffe s'est passée dans de bonnes conditions mais, malheureusement, j'ai rapidement développé une infection liée à un virus, le cytomégalovirus (CMV). J'avais une grosse fièvre, des hémorragies digestives. Très vite, c'est devenu incontrôlable. Il n'y avait pas de médicament spécifique à l'époque. C'était juste avant que les traitements anti-CMV ne fassent leur apparition. On a dû arrêter mes antirejets pour que mon organisme puisse se défendre. J'ai logiquement fait un rejet, perdu mon greffon et je suis retourné en dialyse au bout de trois mois environ avec ablation du rein greffé en juin 1988... J'ai été très vite réinscrit sur la liste d'attente. Il y a eu quelques fausses alertes dans les mois qui ont suivi, avec quelques gags dans les appels ! Forcément, quand on est « à l'intérieur », on se rend compte des fragilités potentielles du système.

J'étais au ski lorsque j'ai été appelé, en mars 1990. Cette fois-ci, c'était la bonne. Il y avait un greffon pour moi et pas n'importe lequel : nous étions immunologiquement très proches et n'avions aucune incompatibilité anti-HLA. Ça a été une grande chance. Cette fois-ci, tout s'est parfaitement déroulé. Cette greffe allait durer vingt-quatre ans, en tout.

Au bout de dix-huit années, mes résultats biologiques ont commencé à se dégrader : une protéinurie importante et du sang visible à l'œil nu dans mes urines. La biopsie réalisée en décembre 2008 a montré que la maladie de Berger avait récidivé sur le greffon... On a adapté mon traitement, ce qui a permis de contrôler l'hypertension, mais pas la protéinurie. La maladie a continué à progresser, ce qui a été confirmé par une deuxième biopsie, en 2010. Ma créatinine sanguine grimpait progressivement. En juillet 2013, j'ai été réinscrit sur liste d'attente pour une troisième greffe et appelé quelques mois plus tard, en décembre, sans repasser par la case dialyse.

J'avais 71 ans, et à cet âge on ne reçoit plus des reins de compétition. De plus j'avais des anticorps issus de ma première greffe. Ça a été difficile, j'ai fait à peu près toutes les complications possibles, un rejet humoral aigu, une parasitose, une infection généralisée à germe multirésistant, dans le cadre d'une appendicite aiguë perforée, une sténose de l'artère du greffon et, dernier épisode, une réactivation du CMV après l'arrêt des antiviraux préventifs... Plusieurs mois de galères, mais au bout du compte, ça a plutôt bien évolué. Pour diminuer mes anticorps, je dois faire des séances régulières d'immuno-adsorption[2] deux fois par mois. Ça ressemble à une dialyse ; c'est une contrainte, mais c'est bien plus confortable que trois fois par semaine.

Malgré ma maladie et surtout grâce à ma deuxième greffe, j'ai pu mener une existence normale et même bien remplie.

J'ai épousé Patricia en 1961, il y a maintenant cinquante-trois ans. Biologiste, elle a été une de mes plus proches collaboratrices, dans mon service. Nous ne nous sommes jamais quittés et elle sait bien qu'il n'est pas toujours facile d'être le proche d'un malade chronique. Nous avons eu trois enfants, Christophe, vétérinaire, titulaire d'un MBA,

---

2. Traitement permettant l'élimination des anticorps pathogènes du plasma du patient, par exemple ceux qui sont dirigés contre le rein greffé.

qui vit à Londres et dirige une société d'essais cliniques, Nicolas, chirurgien digestif à Villefranche, et Émilie, spécialiste en médecine interne à Lyon. J'ai désormais dix petits-enfants. L'aînée est déjà étudiante en médecine... J'ai été le premier médecin de la famille, mais la vocation ressemble désormais à une tradition. Je suis fier de ne pas les avoir découragés !

À cause de ma maladie, qui a tout de même largement guidé mon destin, j'ai aussi eu de grandes satisfactions professionnelles. J'ai beaucoup travaillé, beaucoup publié, j'ai des centaines d'articles référencés dans PubMed, le système qui rassemble toutes les données bibliographiques de la biologie et de la médecine. J'ai été président de l'ERA-EDTA, la société savante européenne de dialyse et transplantation, de 1997 à 1999. J'ai organisé le congrès de l'ERA-EDTA à Nice en 2000, avec plus de 5 000 participants.

J'ai fait nommer professeurs de médecine mes collaborateurs, mes élèves, Christian Genin, qui a fait de l'immunologie, puis Éric Alamartine et enfin à mon départ, en 2008, Christophe Mariat.

On a fait progresser les connaissances sur la maladie de Berger, ses causes, son évolution, sa prise en charge, sa récidive sur les greffons. Je suis convaincu qu'on finira par trouver un traitement qui la soignera. Il y des pistes, on pourra sans doute jouer sur la fabrication d'autoantigènes et/ou d'autoanticorps spécifiques, avec une stratégie assez analogue à celle que l'on utilise pour une autre maladie rénale, la glomérulonéphrite extra-membraneuse[3]...

---

3. Maladie rénale dans laquelle des anticorps se déposent sur des antigènes particuliers des glomérules, pouvant à terme compromettre le fonctionnement des reins.

Durant toutes ces années, je me suis aussi occupé de mes patients. Je crois avoir été dévoué, j'ai passé beaucoup de temps auprès d'eux, dans mon service. Peut-être un peu à cause de ce qu'on partageait, je leur devais de bien m'occuper d'eux. Je me suis senti cette responsabilité. J'ai été très «clinicien», je faisais les biopsies, les visites, j'étais beaucoup présent. Aujourd'hui, ça change un peu. Les jeunes font chacun à leur façon. Il me semble qu'il faut quand même être en responsabilité clinique au moins un ou deux jours par semaine, pour montrer l'exemple. La médecine, c'est du compagnonnage, il faut guider les plus jeunes.

J'ai été plutôt pudique, j'ai peu évoqué mon état de santé autour de moi. Pas plus auprès de mes collègues que de mes patients.

Parfois, certains l'apprenaient et m'en parlaient. J'en discutais alors avec eux assez librement. Il me semble que ça change un peu les choses, entre nous, quand ils savent. Ça a probablement aussi influencé ma manière d'exercer mon métier. J'ai sans doute été un peu moins mandarin, à cause de ça. Je suis bien placé pour savoir que la relation qu'on a avec son médecin est importante lorsqu'on vit une maladie chronique. On a besoin d'être en confiance, rassuré. J'ai été peut-être plus à l'écoute, compréhensif avec mes patients que certains de mes confrères. Je leur ai expliqué les choses, donné les informations, je les ai impliqués dans les choix, j'ai dialogué avec eux. J'ai tenté de trouver un équilibre, pour les rassurer et en même temps les dissuader de faire l'autruche. J'ai des principes. Mes consultations ne durent jamais moins de trente minutes. J'examine tous mes patients, à chaque consultation, sans exception. Et je parle aussi avec eux, de choses et d'autres, de tout et de rien. Parce que ça fait partie d'une relation humaine basée sur la confiance. Et ça permet aussi de mieux les connaître et sans doute de mieux les soigner. J'essaie juste de faire pour eux ce que je souhaite qu'on fasse pour moi. Par exemple, chaque fois que je passe un examen biologique, je suis anxieux, j'ai une appréhension. Je tiens à avoir connaissance des résultats dès qu'ils sont disponibles, dans la journée. Je ne comprends pas comment on peut laisser nos patients suivis en ambulatoire pendant une ou deux semaines sans leur communiquer leurs résultats, même *a minima*, au moins pour les rassurer...

Si je pense avoir été un bon praticien, je ne crois pas être un mauvais patient... Je n'ai jamais été réticent à prendre les traitements dont j'avais besoin. J'ai été lucide et responsable. Je crois profondément en la médecine. Parce que j'avais la connaissance, je me suis la plupart du temps «autosoigné». Pour ma deuxième greffe, je me suivais tout seul... Ce n'est que si je rencontrais un problème que j'allais voir certains de mes collègues, dont Christophe Mariat. Ces dernières années, pour la troisième greffe, c'est lui qui me suit.

Désormais retraité, je continue à me passionner pour la recherche. Je suis président de l'association de dialyse locale. J'ai conservé une consultation hebdomadaire, je suis toujours quelques patients, dont certains me sont fidèles depuis plusieurs décennies. La plupart ont une maladie de Berger... Je ne m'explique pas bien pourquoi ; sans doute une question de sélection mutuelle.

Voici désormais plus d'un demi-siècle que je vis avec cette maladie et plus d'un quart de siècle que je suis en insuffisance rénale chronique terminale, dialysé puis transplanté. Depuis le début, j'ai su qu'il

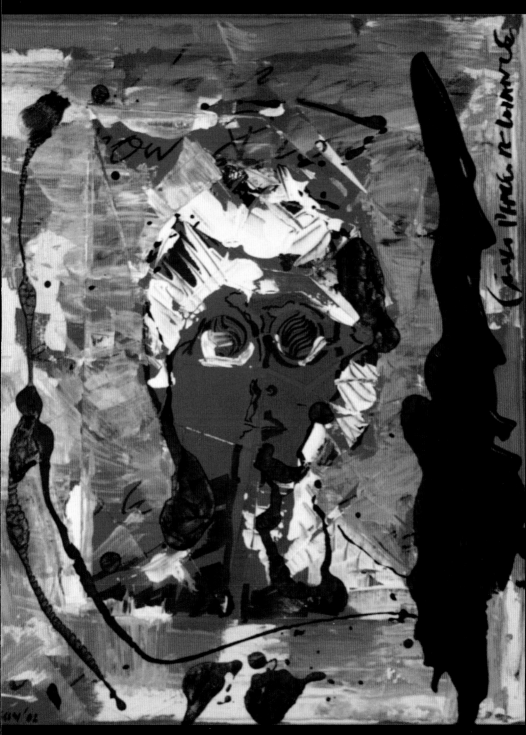

Œuvres de Jacques-Édouard Carrier de Boissy.

faudrait me battre et j'ai cherché à m'armer au mieux. La maladie, je suis allé la chercher sur son propre terrain! Elle a remporté certains combats, mais il me semble qu'à ce jour le relevé des compteurs m'est plutôt favorable. Il m'arrive même de penser qu'avoir connu un tel adversaire a été une force plus qu'une malédiction; en tout cas, j'ai toujours positivé les événements.

Le jour où mes reins se sont arrêtés

Anne

Anne, 44 ans, vit à Boulogne-sur-Mer, où elle vend les produits de la pêche de son époux.

En 1975, quand j'avais 5 ans, mes reins ont cessé de fonctionner. Une maladie génétique, appelée «syndrome hémolytique et urémique» (SHU[1]), les a détruits. Elle avait déjà tué mes deux sœurs, Roselyne et Sylvie, respectivement âgées de 2 et 8 ans. Elles étaient bien plus atteintes que moi, elles ne marchaient pas, ne parlaient pas... Bien trop malades pour qu'on leur propose la dialyse. Elles sont mortes d'urémie.

Nous habitions Calais, avec mes parents et mes deux frères Éric et Pascal, qui, eux, n'étaient pas atteints. J'étais la plus jeune. Mon père

---

1. Maladie rénale ayant de multiples causes, dont les lésions sont caractérisées par une obstruction (thrombose) des parois des capillaires sanguins des glomérules et des parois des artérioles dans les reins, pouvant à terme compromettre leur fonctionnement. Les SHU de cause génétique peuvent récidiver sur le greffon. Un traitement efficace de certaines formes de cette maladie a été récemment découvert.

travaillait sur les car-ferries et faisait chaque jour les traversées Calais-Angleterre.

Je suis restée six mois à Necker cette année-là. Ma mère est restée auprès de moi tout le temps, elle logeait à la résidence Le Rosier rouge, réservée à l'accueil des familles d'enfants hospitalisés.

On pensait que pour arrêter la progression de ma maladie, il fallait retirer mes deux reins. J'ai donc été opérée, puis on m'a mise en dialyse péritonéale. On ne savait pas à l'époque que cette technique nécessitait pour être efficace que les reins marchent encore un tout petit peu... C'est une période dont je me souviens mal, j'avais des pertes de mémoire, des hallucinations, liées à l'insuffisance du traitement. Je me rappelle que je ne voulais pas regarder les plafonds, parce que j'avais l'impression qu'ils étaient recouverts de bêtes, d'insectes qui grouillaient... et terrorisaient la petite fille que j'étais.

Et puis je suis tombée dans le coma. La dialyse péritonéale ne me suffisait vraiment plus, j'ai dû passer à l'hémodialyse.

Mes parents se sont séparés à cette période, mon père a refait sa vie.

J'ai reçu une première greffe au bout de quelques mois. Mais elle n'a jamais marché. J'ai su que le rein venait d'un petit bébé... J'ai continué l'hémodialyse.

Je me souviens de la gentillesse du personnel de dialyse pédiatrique. J'étais toute petite. J'avais déjà beaucoup souffert mais je ne me plaignais pas souvent. Les infirmières me soutenaient beaucoup. La nuit, je dormais peu. Souvent elles venaient me chercher, me prenaient avec elles, me faisaient rire. Elles m'aimaient, je crois. Ça m'aidait. Il y en a même une qui s'était entichée de moi au point de proposer de m'adopter, pour m'emmener avec elle en Amérique! Ma mère a dû mettre les choses au point.

Un peu plus tard, je suis finalement rentrée à Calais. Mais les dialyses avaient toujours lieu à Necker. Trois fois par semaine, je partais très tôt le matin en ambulance pour rejoindre Paris. Les dialyses étaient longues, sept heures, et très pénibles pour moi. J'avais des chutes de tension, des pertes de connaissance. Une fois, je n'étais pas bien, je me suis mise à pleurer. J'ai dit à une infirmière que je me sentais mal, mais elle m'a répondu que ce n'était rien. Ma mère était partie prendre un café. Quand elle est revenue, c'était pire. Je ne parlais plus. Ma tension était tombée à 4, j'étais en train de mourir... J'étais tellement épuisée, entre la dureté du traitement, la route à faire et le reste.

Puis, en 1976, j'ai eu ma deuxième greffe. Elle a fonctionné pendant douze ans. J'ai enfin été libérée... Je me suis sentie guérie. Je prenais mes médicaments, j'allais aux consultations de suivi et c'était tout... Ça a été une chance qu'elle tienne aussi longtemps et que la maladie ne récidive pas plus tôt car, à l'époque, les traitements n'étaient pas spécifiques du SHU, j'avais juste des antirejets «classiques».

J'ai donc grandi et mené une grande enfance et une adolescence pratiquement normales.

Du côté de l'école, ça a été un peu compliqué. J'avais pris beaucoup de retard à cause de ma période de dialyse. Je suis retournée à l'école traditionnelle, mais j'étais petite, très maigre, mes muscles étaient très faibles, je ne pouvais pas marcher. Et un jour sur deux j'étais en dialyse. Ma mère m'emmenait en poussette ou même dans ses bras. C'était si dur que je ne voulais pas y aller. Les autres enfants savaient que j'étais malade, ils ne se sont jamais moqués de moi. Ça a eu des conséquences, puisque je n'ai appris à lire qu'à 9 ans. Mais ensuite, je me suis remise au niveau. Je voulais faire médecine. On m'a dit qu'à cause de ma maladie ce ne serait pas possible. Je me suis donc orientée vers des études de comptabilité.

Lorsque j'ai eu 19 ans, ma mère a rencontré un homme et elle a souhaité qu'on s'installe à Paris toutes les deux. Je n'étais pas d'accord, je ne voulais pas quitter mes amis, mes repères, Calais. Elle n'entendait pas. Alors un soir, tandis qu'on était à table, j'ai pris d'un coup tous les médicaments que j'avais... Et il y en avait vraiment beaucoup! Elle n'a rien vu. Je suis allée m'allonger. Au bout d'assez peu de temps, je me suis sentie mal et ma vue s'est brouillée. Là, j'ai eu vraiment peur. J'ai appelé ma mère, qui a joint Necker. Lorsque je suis arrivée à l'hôpital, on m'a conduite dans une salle où trônait une machine de dialyse. Je me souviens que j'étais terrorisée, je pensais que c'était pour moi, je ne voulais surtout pas. En fait, ils ne s'en sont pas servi. Les réanimateurs m'ont fait un lavage d'estomac. Ma néphrologue est venue m'engueuler: «On t'a sauvée, c'est pas pour que tu t'empoisonnes!»

Cinq ou six mois après cet épisode, le greffon a cessé de fonctionner. Ça a été très brutal, je ne m'y attendais pas. Personne ne m'avait jamais dit que ça allait s'arrêter, que la greffe ne durait pas toute la vie. Ma néphrologue n'a jamais compris pourquoi ma greffe s'est arrêtée de marcher du jour au lendemain, elle était convaincue que je ne prenais pas bien mes médicaments, alors que j'ai toujours été très sérieuse et vigilante.

En fait, ma maladie s'était réveillée et avait détruit mon greffon.

J'avais un petit copain. Je ne voulais pas l'embêter avec ma maladie, ni qu'il me voie me dégrader avec la dialyse. Je voulais lui laisser une bonne impression. Je l'ai quitté. Le rythme des dialyses a repris. J'ai d'abord passé trois semaines à Necker, chez les adultes cette fois. Puis, je suis repartie à Boulogne.

Et, moins d'un mois après, le téléphone a sonné. Il y avait un greffon pour moi. Un « beau » rein, avec une très bonne compatibilité. Les médecins m'ont dit que c'était mon jumeau, ils étaient très contents. Moi aussi. Et tout s'est très bien passé.

Ma vie a repris. J'ai décidé de m'amuser un peu, d'en profiter. J'ai passé mon permis de conduire. J'ai trouvé un travail. Et puis j'ai rencontré mon futur époux. Nous nous sommes mariés lorsque j'avais 26 ans. Moi j'ai reçu beaucoup d'amour lorsque j'étais enfant, probablement un peu plus parce que j'étais malade. Lui n'en a pas eu. J'ai pu lui en donner. Nous avons acheté notre maison, deux chambres et un petit jardin...

Mais en 1999, alors que j'avais 30 ans, j'ai perdu ce troisième greffon. C'est allé vite. Je travaillais, je me suis sentie fatiguée, j'ai eu des œdèmes aux chevilles, je n'arrivais plus à manger, j'avais mal au cœur, je n'avais plus goût à rien. Je savais ce qui m'attendait et je n'en voulais pas. Je ne voulais pas de la dialyse. Je suis quelqu'un qui aime la vie, mais là c'était trop. J'avais l'impression que ça s'acharnait. J'ai dit à tout mon entourage que, cette fois, je n'y retournerais pas.

Mais mon état se dégradait. Un jour, mon mari est rentré de la mer et m'a trouvée dans un état catastrophique. J'avais triplé de volume, je n'éliminais plus suffisamment les liquides. J'étais épuisée. Il m'a dit qu'il fallait aller à l'hôpital, mais j'ai refusé violemment. Il a appelé à la rescousse ma mère et une amie, Monique, elle aussi greffée. Tous les trois m'ont parlé, longtemps, tentant de me convaincre. Ma mère a pleuré. Et puis, d'un coup, mon mari m'a dit que je n'avais pas le choix. Il m'a jetée dans la voiture, direction Necker. Je hurlais, je ne voulais pas. Il avait raison, je n'avais pas le choix.

À l'hôpital, les médecins étaient catastrophés. Ils m'ont dit que si je ne dialysais pas immédiatement, je serais morte sous vingt-quatre heures. J'ai finalement cédé.

Quelques séances plus tard, j'étais de retour à Boulogne, dans le centre de dialyse que j'avais déjà connu quelques années plus tôt. Cela s'est mal passé, très mal. Je dialysais le soir, à partir de 18 heures. À chaque fois, j'étais malade, j'avais des crampes horribles de la tête aux pieds, je finissais à 5 de tension... Je n'étais jamais repartie avant minuit, le temps de me remettre un peu de la séance avant de rentrer. Rapidement, j'ai dû arrêter de travailler. La dialyse, ce n'est pas une vie, c'est une survie.

À cette époque, un de mes frères a souhaité me donner un rein. Mais les examens ont révélé qu'il avait un problème d'intestin qui contre-indiquait le don. J'ai énormément d'amis, mais le don d'un rein à un proche non apparenté n'était pas encore autorisé par la loi...

Cette période très sombre a pourtant été marquée par un immense bonheur. Chloé, ma fille, est arrivée. Elle m'a donné et me donne encore la force de tenir, de m'accrocher.

En 2002, j'ai été greffée pour la quatrième fois, mais ça a été un échec immédiat. Je me souviens que, quelques jours après, alors que j'étais encore hospitalisée, ils m'ont envoyé un psy. Il m'a proposé de m'aider, alors je lui ai demandé s'il pouvait me trouver un rein. Je l'ai envoyé balader violemment. J'ai même failli lui balancer ma petite bouteille d'eau pour qu'il s'en aille...

Juste après, le chef de service m'a rendu visite. Il a pris une chaise et s'est assis en face de moi.

– Ça ne va pas ?

– Je veux sortir et vous, vous m'envoyez un psy...

– Je n'ai envoyé personne. Tu veux t'en aller, maintenant ?

– Je suis en train de mourir, je suis mal, je suis enfermée...

– Tu veux sortir ? Je vais te faire sortir.

– Est-ce que je pourrai avoir une cinquième greffe ?

– Franchement, ça ne s'est jamais fait.

– Tentez !

– On va y réfléchir. Tu rentres chez toi, tu te retapes et on en reparle.

– Non. Je veux savoir maintenant.

– Il faut faire des examens, c'est lourd. Tu rentres chez toi et moi je m'en occupe. Promis.

Il a tenu parole. Quelques mois plus tard, j'ai eu un appel de Necker. Je devais me rendre à l'hôpital pour faire un bilan très complet en vue de cette cinquième greffe...

Et puis le 25 septembre 2005, alors que j'étais en dialyse, pas bien du tout, mon téléphone a sonné. Il y avait un greffon pour moi. Ma cinquième greffe a eu lieu.

Un peu plus compliquée chirurgicalement, puisqu'il a fallu implanter le greffon au milieu du ventre, les emplacements habituels, en « fosse iliaque », de chaque côté, ayant déjà été pris par les quatre greffons précédents. Elle s'est néanmoins très bien déroulée. J'ai retrouvé ma vie.

En 2009, mon mari s'est mis à son compte. Il a acheté un bateau d'occasion, un trémailleur de 11,5 mètres. Il a trois employés. Il se lève chaque matin à 1 h 30 pour partir en mer. Y compris le samedi et certains dimanches. Quand il rentre, il va se coucher. Il pêche au filet, en fonction des saisons, de la sole, de la morue, du turbot, de la raie, de la barbue... C'est un métier dangereux. J'y pensais beaucoup au début, moins maintenant. De mon côté, j'ai ouvert une poissonnerie tout près de chez nous. Je me lève à 5 heures, je vends son poisson. J'ai une vendeuse avec moi. C'est une vie plus dure, je préférais quand il avait un patron, j'étais moins fatiguée, j'avais moins de travail...

Durant les quelques années qui ont suivi la greffe, ma maladie est revenue sur le greffon et l'a abîmé. Heureusement, à partir de 2010, j'ai pu bénéficier d'un nouveau médicament, qui est efficace contre le SHU et aussi, dans une moindre mesure, contre les anticorps. J'ai eu la chance de pouvoir le recevoir à titre expérimental. En fait, il existait depuis un peu plus longtemps, mais jusque-là je n'avais pas été acceptée dans les protocoles. C'est un médicament très coûteux.

Un jour, un de mes médecins m'a dit : « Vous nous coûtez très cher, mais vous en valez la peine, avec tout ce que vous avez vécu... » Je suis d'accord avec ça. C'est ma vie et ça passe avant tout.

Même si mon rein est désormais protégé contre ma maladie, je sais qu'il est fatigué. J'ai eu une biopsie il y a quelque temps qui l'a confirmé. Ça a été dur à vivre.

J'aurai besoin, un jour ou l'autre, de retourner en dialyse et j'espère recevoir une sixième greffe. Jusqu'à une date récente, je pensais que ce n'était pas possible. Et puis un de mes docteurs m'a dit qu'il y en avait déjà eu quelques-unes aux États-Unis. « Madame M., vous êtes encore jeune. Vous pourrez avoir une sixième greffe. Je vous le dis, vous pouvez me croire. »

Je l'ai cru et j'ai même pris du recul. Avant, je suivais de près mon taux de créatinine, je voulais qu'on me le communique à chaque examen. Et j'étais souvent contrariée, parce qu'il montait. Finalement je me suis dit que je n'y pouvais rien. Que ça ne changeait rien. Et j'ai demandé qu'on ne m'appelle que s'il y avait réellement des choses importantes. Je pense que je le vis mieux comme ça.

Lorsque le moment sera venu, je recevrai cette sixième greffe. Elle sera médicalement compliquée. Le temps est mon allié, je sais que les progrès récents et ceux qui surviendront dans les années qui viennent seront décisifs pour moi. J'ai confiance.

J'ai 44 ans et j'ai vécu trente-neuf années de mon existence grâce à cinq greffes entrecoupées de périodes de dialyse.

En attente

Odile

Odile, 45 ans, vit en région parisienne et a effectué toute sa carrière dans l'Éducation nationale.

Mes parents ont quitté leur Sénégal natal pour s'installer en France au début des années 1960. Ils étaient tout jeunes, déjà mariés, ne parlaient pas français. Ils ont vite commencé à travailler comme ouvriers dans les usines Citroën et Renault. Ils se sont intégrés, ont fondé une famille. D'abord ma sœur aînée, puis mes trois frères, puis moi. On s'est installés à Mantes-la-Jolie, dans un petit pavillon. Ma petite sœur est née dix ans plus tard, mais les cinq premiers sont arrivés très rapidement. On avait peu de différence d'âge, on a été très fusionnels, on a grandi ensemble, on a beaucoup joué, on s'est entraidés. Les parents travaillaient tout le temps, étaient peu à la maison. On s'occupait de tout nous-mêmes, on était très proches les uns des autres. C'est toujours le cas aujourd'hui, même si on a pris des chemins différents.

Ma vie a pris un tour que je n'attendais pas lorsque j'avais 12 ans. J'étais une petite fille très gaie, très ouverte, excellente élève. Je riais, je parlais tout le temps. Et puis, d'un seul coup, je me suis étiolée. Une sorte de torpeur, un épuisement terrible se sont emparés de moi, ne me laissant aucune chance. Mes parents étaient désemparés, mon médecin généraliste ne comprenait pas. C'est allé très vite. Un jour, je me suis réveillée en réanimation, à l'hôpital Bretonneau à Paris. J'étais en dialyse péritonéale. On m'a dit que j'avais la maladie de Wegener[1], du nom de son découvreur, et qu'elle avait abîmé mes reins. Il y a quelques années, on a découvert que le docteur Wegener avait été impliqué dans le parti nazi. Ma maladie a été débaptisée. Désormais, il faut dire «granulomatose avec polyangéite». Ça n'a rien changé pour moi...

Lorsque je suis sortie de «réa», mes reins avaient retrouvé un tout petit peu de fonction. La dialyse a pu être interrompue. J'ai tenu pendant environ un an, avec un suivi très fréquent, des consultations, un régime drastique. Et puis il a fallu se rendre à l'évidence et recommencer. Cette fois-ci, c'était de l'hémodialyse, toujours à Bretonneau. Trois fois par semaine, je faisais l'aller-retour entre Mantes et Paris, pour mes séances. C'était loin et épuisant, ça dévorait tout mon temps.

Dès cette phase initiale de la maladie, j'ai décidé de l'assumer totalement et d'être parfaitement autonome. Mes parents avaient

---

1. Maladie rare qui associe une inflammation de la paroi de certains vaisseaux et une granulomatose (présence d'amas de cellules organisées de façon caractéristique). Elle touche surtout le système respiratoire et les reins. Cependant, tous les organes peuvent être atteints.

déjà beaucoup à faire avec leurs activités et mes six frères et sœurs. Je savais combien mes problèmes de santé les inquiétaient. Alors j'ai tout fait pour les épargner. J'allais seule à l'hôpital, pour les dialyses, les consultations. Je ne parlais pas de tout ça à la maison, je ne partageais mes difficultés avec personne, c'était mon affaire. Le seul domaine pour lequel c'était compliqué était mon régime alimentaire. En dialyse, il était très contraignant et sévère. Sans sel, sans phosphore, sans potassium... Autant dire que c'était un casse-tête pour ma mère, fine cuisinière, experte en gastronomie sénégalaise. Elle tentait de me faire des petits plats à part, s'arrachait les cheveux pour me faire plaisir. Et puis un jour, au bout de quelques mois, le néphrologue m'a trouvé une tension basse et m'a dit que je pouvais manger un peu plus de sel... Ça a été une révélation, je suis rentrée à la maison et j'ai dit à ma mère que je pouvais laisser tomber le régime. J'ai recommencé à manger comme le reste de la famille... C'est à partir de là que l'*omertà* sur ma maladie a pu être complète. Définitivement.

Mes années d'adolescence sont une période dont je garde un bon souvenir, celui d'un temps heureux, un peu magique. Il existe à Paris une structure hospitalière destinée aux enfants et adolescents malades, et visant à leur permettre de poursuivre leur scolarité dans les meilleures conditions possible. C'est le centre Édouard Rist. Il dispose d'un service de dialyse. Après quelques mois de traitement à Bretonneau, il devenait évident que les allers-retours incessants avec Mantes étaient trop lourds, fatigants, prenaient trop de temps. On m'a donc proposé de devenir interne à Édouard Rist et j'ai immédiatement accepté. L'éloignement physique de ma famille me permettrait encore mieux de la tenir à distance de ma maladie. J'ai donc intégré cet établissement pour y faire un CAP de comptabilité, tout en poursuivant mes dialyses sur place. J'y ai passé trois ans en tout. J'y ai rencontré toute une bande d'autres ados dialysés, on a vite formé un véritable clan, soudé, on se serrait les coudes. Ensemble, on était bien plus forts pour affronter nos difficultés respectives. Nous n'avions aucune indulgence, aucune pitié les uns pour les autres. Au contraire. C'était marche ou crève, arrête de te plaindre, vis et c'est tout. On jouait sans arrêt, on se lançait des défis, on se mettait en danger... C'est comme ça que j'ai appris à résister, à ne pas tout accepter, à doser les contraintes pour qu'elles soient tolérables. Ne pas accepter, c'était une manière de survivre. Et prendre du bon temps, aussi...

Les cours se terminaient à 15 heures, ensuite on était libres. On profitait de Paris, la Maison de la Radio était juste à côté, ou alors on allait à Roland-Garros, ou au bowling... On n'arrêtait pas de sortir et de s'amuser. Même pour les vacances, on restait tous ensemble, on allait dans un centre de convalescence, à Hauteville, qui avait des postes de dialyse. On y était choyés comme jamais, on s'amusait comme des fous, on faisait des virées à Lyon, on sortait en boîte... On vivait !

On n'écoutait pas grand-chose de ce qu'on nous disait, y compris au plan médical ! L'indiscipline était une de nos règles, tout comme le refus de se priver de quoi que ce soit. On mangeait et buvait tout ce qu'on voulait, on planquait du chocolat, des friandises, tout ce qui était interdit... On nous répétait que l'excès de potassium de ces aliments pouvait entraîner un arrêt cardiaque. On buvait jusqu'à plus soif, sans nous restreindre, ce qui nous faisait risquer l'étouffement par œdème pulmonaire. Nous n'urinions plus, seule la dialyse permettait d'éliminer l'eau que nous accumulions. Il m'est arrivé de prendre jusqu'à sept kilos entre deux séances, alors que normalement c'était deux au maximum...

La dialyse du milieu des années 1980 était difficile, les machines étaient encore rudimentaires, la technique pas aussi au point qu'aujourd'hui. La première heure se passait toujours bien, puis les maux de tête apparaissaient, les crampes, les nausées... D'autant qu'on ne respectait pas nos régimes, l'excès d'eau à perdre entre les séances les rendait plus pénible encore. Et là c'était pire... Parfois la dialyse devenait une torture mais, dès qu'elle se terminait, dès qu'on récupérait un peu, on oubliait tout, on mettait de côté ce qu'on venait de traverser. Et immédiatement, on recommençait à rire et à jouer.

Un jour, l'une d'entre nous, Zahia, est morte. C'était la plus indisciplinée, elle faisait vraiment n'importe quoi, volontairement, elle repoussait toutes les limites et transgressait tous les interdits. Elle était plus révoltée que la plupart d'entre nous. Elle n'acceptait pas, jamais, et même nos jeux n'y changeaient rien. Lorsque c'est arrivé, on n'a pas été si surpris que ça. Elle devait avoir 19 ans. On savait tous, même si on ne se l'avouait pas, que c'étaient nos vies qui étaient en jeu, que c'était grave, qu'on était tous en danger. Zahia nous l'a rappelé... Nos rébellions ont continué, mais on savait jusqu'où ne pas aller.

Beaucoup ont été greffés, au fil des mois et des années. On les voyait partir, contents pour eux mais un peu envieux... Chacun se demandait quand son tour viendrait. Pour certains, il n'est jamais venu. Pour d'autres, il a fallu encore beaucoup de temps et de patience.

Compte tenu des circonstances, Édouard Rist a été la meilleure école que nous pouvions espérer. Elle nous a appris que l'essentiel était de vivre et de ne pas nous résigner.

Trente ans plus tard, nous sommes dispersés, mais le lien persiste. On se revoit de temps à autre.

Aucun d'entre nous n'a oublié ce qu'on a vécu là-bas, à la sortie de nos enfances bousculées par le sort. Ces quelques années ont fait de nous les adultes que nous sommes. Vivants et libres, malgré la dureté de nos existences.

J'y ai appris que la liberté se désire et a un prix. Lorsqu'on est dialysé trois fois par semaine, il est élevé. Se déplacer, voyager, devient vite complexe. Il faut anticiper, réserver des séances de dialyse sur place, à condition qu'il y ait de la place, gérer toutes les tracasseries administratives de prise en charge, de remboursement qui vont avec... En France, c'est un peu plus simple. Mais à l'étranger il y a l'obstacle de la langue, des formalités différentes, la nécessité d'avancer le prix des séances, les mois d'attente pour se faire rembourser, l'impossibilité de s'assurer en cas de problème... Mais ça en vaut la peine. Je n'ai jamais renoncé à voyager. J'ai visité les États-Unis, le Brésil et plusieurs pays d'Europe, en dialysant trois fois par semaine sur place. Chaque voyage a été une victoire qui m'a donné la force de continuer.

Il faut que je parle de la greffe. Dès mes 13 ans, je l'ai espérée. J'avais bien compris la porte de sortie qu'elle représentait pour moi. J'ai très vite été inscrite sur la liste d'attente, en pédiatrie. J'ai commencé à voir d'autres ados, autour de moi, être transplantés et retrouver une vie plus normale et plus libre. On m'avait parlé d'anticorps, mais à aucun moment je n'ai entendu que c'était une difficulté pour que je sois greffée. La greffe, je la voyais comme mon avenir, ma destinée. Ce que je vivais avec la dialyse était une étape transitoire, un passage obligé, vers des jours meilleurs. J'étais tendue vers cet objectif, qui, je le savais, me rendrait mon indépendance, la capacité de mener à bien mes projets, de me construire la vie dont je rêvais. J'ai mis mon existence entre parenthèses et j'ai donc attendu la greffe, très fort. Le temps a passé, les années se sont succédé. Dix-huit, en tout – plus de 2 500 séances de dialyse – de temps suspendu, pendant et entre les séances. Si j'avais su, si on m'avait dit que ce serait si long, peut-être que j'aurais vu et fait les choses différemment, peut-être que j'aurais accepté de faire des concessions, d'être moins dure avec moi-même, plus indulgente. Mais, dans l'ignorance, je n'ai rien lâché, j'ai tenu, en remettant l'essentiel à plus tard.

À après la greffe.

Ce choix a touché ma vie affective. Je ne voulais rien construire de solide en dialyse, je refusais de laisser entrer qui que ce soit dans ce quotidien si intimement intriqué avec la maladie. Il me paraissait totalement incompatible avec l'amour, tel que je le concevais. C'était inimaginable pour moi que quiconque puisse être le témoin de ses manifestations les plus dégradantes. Les malaises, les chutes de tension, les vomissements, je les affrontais et les affronte toujours seule. En secret.

Lorsque j'ai rencontré Thomas, je n'ai pas su tout de suite qu'il serait le grand amour de ma vie. Ou j'ai refusé de l'admettre. Je me mettais tellement de limites, de barrières. Nous nous sommes pourtant immédiatement plus. Notre relation était une évidence. Très vite, je lui ai proposé un pacte : liberté totale, aucun engagement, pas de vie commune, pas d'obligation. On a fonctionné comme ça, c'était plutôt bien, on a vécu de très beaux moments ensemble. Mais je me suis empêchée d'aller vers lui comme je l'aurais souhaité, comme j'aurais dû le faire. Notre histoire a duré plusieurs années, on était bien ensemble et on s'en contentait. Ou du moins on faisait semblant. Un jour, il m'a appris qu'il était muté aux Antilles. Je me suis convaincue de ne pas le suivre, toujours pour les mêmes raisons. Ce n'était pas le bon moment. Je n'envisageais pas une seconde de quitter mes médecins, de confier ma santé à qui que ce soit d'autre. Il fallait que j'attende la greffe. Alors, je l'ai laissé partir... Sans même tenter de le retenir. Je n'ai compris qu'ensuite combien c'était une erreur, combien il comptait. C'était trop tard. Lorsque nous étions ensemble, je le tenais complètement à l'écart de ma maladie, je ne voulais pas qu'il s'y frotte. Il n'aurait pas compris. Il faut l'avoir vécue, dans sa chair ou dans celle d'un proche, pour pouvoir commencer à comprendre. Ça m'était égal, ce n'était pas ce que j'attendais de lui. Son ignorance et sa naïveté me convenaient parfaitement, je les cultivais. Et puis, quelques années après notre séparation, Thomas est tombé malade. Un lymphome. Il s'est tourné vers moi pour que je le soutienne. Il m'a dit : « Toi, tu peux comprendre. » Ça nous a permis de parler de la maladie... de la sienne et de la mienne. Il a eu des traitements lourds, maintenant il va bien, il est en rémission. Il revient en métropole une ou deux fois par an, nous nous revoyons, nous vivons de bons moments ensemble. Mais ce n'est plus comme avant, il est juste de passage. J'ai laissé filer ma chance, l'homme de ma vie est loin maintenant.

Depuis Thomas, il n'y a eu que des histoires sans lendemain, chacune d'entre elles me semble vaine. Pour le moment, plus rien ne me paraît valoir la peine d'être construit...

Le secret va au-delà de mes relations sentimentales. C'est devenu une marque de fabrique, c'est la manière dont je fais avec ma maladie depuis toujours. Depuis que j'ai compris qu'elle serait toujours là, que ça ne s'arrêterait pas, ne me quitterait pas. Au départ, c'était surtout pour préserver mes proches, mais désormais cela va au-delà de ce souhait de les protéger. Le secret, c'est ma manière de contrôler les choses. Le sourire, l'enthousiasme que j'affiche en toutes circonstances, l'énergie dont je donne l'illusion me permettent de tenir les autres à distance de ce qui est en moi, de ne pas les laisser prendre conscience de mes souffrances, de ma vulnérabilité. Ma maladie et ses conséquences, je ne souhaite pas les partager. J'ai essayé, parfois. Cela ne m'aide pas, ne m'apporte rien. Je ne supporte plus qu'on me dise que je suis courageuse. Il n'y a pas de courage à continuer à vivre, je n'ai pas le choix de ce que je traverse. Et surtout, je refuse la pitié. La pitié multiplie ma douleur. Je préfère donner le change, l'illusion d'aller bien, d'être heureuse, pleine de vie et d'enthousiasme. C'est ce que j'étais, avant. Je ne pense pas que cela sonne faux, même si ce n'est pas la réalité de ce que je suis devenue. Ne laisser aucune place à la maladie dans mes relations amicales et affectives, c'est aussi ne pas la laisser gagner complètement, ne pas m'y soumettre. Je refuse qu'elle entre en ligne de compte, qu'elle change leur regard sur moi.

Ce n'est pas toujours simple. Le secret est là, tout autour, tout le temps. Je verrouille, je cache, je dissimule. C'est une chape de plomb. Le secret fait désormais partie de moi, il est dans ma nature. C'est un combat permanent. Je suis devenue calculatrice. C'est un peu triste. Parfois je me dis qu'en cherchant à éloigner la maladie, je l'ai laissée me changer, me transformer. Mais je refuse qu'elle prenne le dessus et je n'ai pas trouvé de meilleure stratégie…

J'ai donc traversé toutes ces années dans le secret et l'attente de la greffe tant espérée, qui devait tout changer, me redonner la possibilité de vivre, simplement. Mon dossier a été transféré de Necker à Broussais, chez les adultes. Chaque année, j'allais en consultation remplie d'espoir, je me disais que ce serait pour bientôt. Et rien ne se passait. D'un seul coup, en 1996, l'attente n'a plus été sereine. C'est venu comme ça, comme si une poche de souffrance, qui s'était constituée silencieusement en moi, au fil de toutes les années, des renoncements, des interdits, s'était soudainement rompue. La douleur s'est déversée, m'a remplie, submergée, c'est comme si je m'y noyais. J'ai pensé au bilan de ma vie, à ce qu'elle avait été, à ce qui m'attendait encore. Et la douleur a redoublé. J'ai appelé ma néphrologue de l'époque, je lui ai dit que ça n'allait pas, que je n'en pouvais plus. Je n'ai pas eu l'idée de contacter quelqu'un d'autre, comme si elle seule pouvait entendre, comprendre, faire quelque chose. Elle a eu des mots de réconfort, m'a dit qu'on en reparlerait, que je ne devais pas m'en faire, que ça irait. Mais ça n'a pas été. Je n'en pouvais plus, il fallait que ça s'arrête. J'ai rassemblé tous les médicaments et tout le chocolat que j'avais à la maison, ce que j'avais sous la main. J'ai tout avalé. Je ne me souviens pas de ce qui s'est passé ensuite. Les voisins ont prévenu les pompiers. Je me suis réveillée à l'hôpital. On m'a peu parlé et on m'a laissée sortir très vite, je suis repartie comme si de rien n'était. Je ne l'ai dit à personne autour de moi. Ma famille n'a pas été au courant. Ça aurait été terrible pour ma mère d'apprendre que j'avais essayé de me tuer.

Seuls mes médecins ont su. On m'a envoyée voir une psychologue. Au bout de quelques séances, elle m'a dit que j'en voulais beaucoup à ma maladie et à la dialyse, dont je pensais qu'elle me détruisait peu à peu. Que j'en voulais aux médecins, aussi. Tout ça, je le savais déjà. Mais lui parler m'a aidée, un peu. J'ai décidé de m'intéresser plus à ma vie, de tenter de voir les choses différemment. De me projeter dans l'avenir. Et c'est reparti. J'ai recommencé à attendre ma greffe.

Elle est enfin arrivée en 2002, à l'issue d'un protocole de désimmunisation, un traitement assez lourd destiné à neutraliser mes anticorps pour qu'ils ne détruisent pas le greffon. C'était nouveau à l'époque, j'étais pleine d'espoir. Les progrès de la science et de la médecine allaient enfin me permettre d'obtenir ce que j'attendais depuis si longtemps. Je me souviens de mon réveil, juste après l'intervention. Et de cette jeune néphrologue, que je connaissais bien, que j'aimais beaucoup, penchée sur moi et qui me disait : « Celle-là, elle est partie pour durer. » J'y croyais. Enfin, c'était arrivé. J'allais vivre.

Mais rien ne s'est passé comme prévu. Ça a même été un calvaire. La première année a été très difficile, j'ai été hospitalisée très fréquemment, j'ai perdu dix kilos, je ne supportais pas les traitements, j'avais des tas de complications. Très vite, j'ai regretté la dialyse. Mais j'ai pris sur moi pour tenir et, comme toujours, faire comme si tout allait bien. Les anticorps ont repris le dessus. En cinq ans à peine, le greffon ne fonctionnait plus, ils l'avaient détruit. J'ai moi-même décidé du moment où j'ai repris les dialyses, je n'en pouvais plus. Et tout a recommencé.

Je n'ai pas immédiatement pensé à une nouvelle greffe. J'avais besoin de souffler. Je ressentais une grande injustice. Quelque part, je devais me dire que cette si longue attente ne serait pas vaine, que je serais récompensée à la hauteur de ma patience. Dix-huit années de vie suspendue, de sacrifices, ce n'est pas rien. Ça aurait dû me donner le droit à bien mieux que ce que j'avais eu. C'était un beau gâchis. Je ne me sentais pas prête à tout recommencer, à me retrouver à nouveau dans ce temps suspendu, maintenant que je savais trop bien à quel point mes espoirs pouvaient être déçus.

Les semaines, les mois, les années de dialyse se sont succédé. La récurrence, les petits conflits avec les infirmières, la lutte pour obtenir plus d'autonomie et de liberté, pour avoir le droit de me piquer moi-même, pour un peu de souplesse dans mes horaires, les complications pénibles, les hospitalisations, le régime, les médica-ments, la fatigue, tout ce qu'il faut accepter, supporter sans broncher, tout est revenu. Il y avait aussi mes autres maladies, qui se sont rappe-lées à mon bon souvenir.

Une myasthénie[2], qui s'était déclarée peu avant ma première greffe et que les immunosuppresseurs avaient contenue pendant cette période, s'est de nouveau manifestée violemment lorsqu'ils ont été arrêtés. Elle provoque une grande faiblesse dans tous mes muscles. Par moments, elle me paralyse totalement, soudainement. Ma vue est aussi atteinte, je vois double, flou ou je ne vois plus rien. La myasthénie m'empêche de conduire ma voiture, de marcher, me fait tomber sans que je parvienne à me relever.

---

2. Maladie auto-immune dont les manifestations sont une fatigabilité excessive et un manque de force musculaire augmentant avec la durée de l'effort. Elles sont dues à une mauvaise transmission de l'influx nerveux du nerf au muscle.

Il y a eu aussi une hépatite C, contractée en dialyse il y a des années, dont j'avais oublié jusqu'à l'existence. Il a fallu la traiter, par interférons[3], mais personne n'avait anticipé que ce médicament allait faire flamber la myasthénie. Le traitement aurait dû durer un an mais il a finalement été arrêté au bout de quelques mois très éprouvants. Je n'aurais pas pu tenir plus longtemps. Il m'a laissée épuisée et meurtrie. Le virus de l'hépatite était contenu, mais au prix d'effets secondaires redoutables. Les séquelles sont toujours là, plusieurs années plus tard. J'ai perdu le sens du goût. Il est très improbable que je le retrouve un jour. Je ne ressens plus rien lorsque je mange, tous les aliments se ressemblent et sont insipides. De ce plaisir-là aussi, je dois désormais me passer.

Alors, tout ça mis bout à bout a fait que, petit à petit, le désir de la greffe est revenu. J'ai recommencé à l'envisager comme une libération. Pas seulement de la dialyse, puisque je sais que le traitement antirejet limitera les manifestations de la myasthénie.

Lorsque j'ai fait part de ma volonté à mon néphrologue transplanteur, il m'a expliqué que dans ma situation la seule possibilité à court terme était qu'un de mes frères et sœurs me donne un rein. La question se posait donc à nouveau et probablement de manière bien plus forte que des années plus tôt. Je me suis fait violence. J'en ai parlé, un peu, surtout à ma sœur aînée. Ça a été difficile de le faire, je suis allée au bout de ce qui était envisageable pour moi. Et puis plus rien ne s'est passé, personne n'a plus jamais évoqué cette

---

3. Les interférons sont des substances produites par l'organisme renforçant l'immunité et la lutte contre les infections. Les interférons sont aussi des médicaments utilisés dans le traitement de certaines infections et cancers.

possibilité. Je ne suis jamais revenue dessus. Ça n'aurait eu du sens que si c'était venu d'eux. Je crois que de toute façon je ne suis pas prête à accepter un tel don. L'unique option était donc d'attendre un rein prélevé sur un donneur décédé, qui soit compatible avec moi, ce qui est très loin d'être simple. J'ai tenté de l'expliquer à mon équipe de greffe, mais je pense qu'ils y ont vu une absence de motivation et de désir de greffe. Les années ont passé, les consultations se sont succédé, je me suis sentie un peu abandonnée. J'avais l'impression que mes demandes, mes espoirs, n'étaient plus entendus ou étaient mal interprétés. Que mon apparence, mon attitude enjouée, mes rires et mon enthousiasme étaient lus comme de la résignation ou bien comme une satisfaction du sort qui était le mien, sans que mes mots répétés soient réellement pris en compte. Je faisais un peu partie des meubles, j'étais un bon petit soldat, une malade « modèle », toujours souriante, gentille, respirant la joie de vivre. Un exemple d'adaptation à la dialyse. Plus personne ne voyait l'intérêt de se battre pour moi. Sans doute étaient-ils un peu attristés de ce qui m'arrivait, mais j'avais l'air de prendre ça tellement bien… J'ai mis plusieurs années à m'en rendre compte et à commencer à envisager l'idée de changer d'équipe. J'avais vécu tant de choses auprès d'eux, depuis mon adolescence. Il y avait beaucoup d'affection entre moi et ces médecins, que je connaissais depuis qu'ils étaient étudiants. Trop, sans doute, pour qu'ils puissent percevoir que je commençais à leur en vouloir de si peu s'occuper de moi. Il y a quelques mois, je suis donc allée dans un autre hôpital. Les choses se sont passées très différemment, ma demande a été entendue, on m'a proposé un protocole de désensibilisation et une greffe qui, si tout va bien, pourrait être rapide. J'ai passé pas mal d'examens, dont on m'a donné les résultats au fur et à mesure. Je suis à nouveau dans l'action, j'ai le sentiment d'avancer. Après toutes ces années d'immobilité, ce n'est pas rien. Ça n'a pas été facile de partir, mais ça m'a fait beaucoup de bien. Je sais où je vais et surtout, j'y crois.

J'essaie de vivre cette attente le mieux possible.

Mon néphrologue de dialyse m'aide. Il m'écoute, on se parle très souvent, de tout, sans réserve. Il n'hésite pas à me consacrer du temps, à me montrer son intérêt, son souci de moi. Et ça compte, beaucoup. C'est même essentiel, ce soutien que je reçois. Je pense qu'un bon médecin de dialyse, c'est avant tout quelqu'un qui a cette capacité et cette volonté d'écoute de ses patients. C'est ce qui rend plus acceptable ce traitement à la fois contraignant et terriblement technique, au point d'en devenir inhumain si l'on n'y prend pas garde.

Quand je repense à mon passé, je me souviens de centres de dialyse épouvantables, où personne n'avait aucune considération pour les patients, où nous étions traités comme du bétail. Et puis je me rappelle aussi de quelques soignants, médecins et infirmières qui, par leur humanité et leur engagement, m'ont aidée et soutenue. Ces rencontres-là ne s'oublient pas.

Me consacrer aux autres malades m'aide, aussi. Je les vois arriver en dialyse, terrorisés. C'est une véritable catastrophe pour eux, ils ont l'impression d'aller à l'abattoir. J'essaie de les rassurer, de leur expliquer que oui, c'est difficile, mais qu'ils vont apprendre à vivre avec. Je parle avec eux, je les écoute moi aussi. Je leur donne des trucs, je leur explique ce qu'ils peuvent faire pour que ce soit plus facile, plus supportable. Chacun a son histoire, il est impossible de transmettre à tous le sens de l'indépendance ou la capacité à s'adapter. Mais on peut au moins leur dire, leur montrer, que c'est possible. C'est important pour moi, ce soutien que j'apporte. Il y a un lien invisible entre nous tous, qui partageons les mêmes problèmes de santé, les mêmes galères, les mêmes traitements. Il nous rapproche, on se comprend. C'est une forme de fraternité. Tout le monde ne peut pas donner de soi pour aider les autres, mais certains le font et reçoivent aussi beaucoup en retour. J'en fais partie.

Ce n'est ni de l'altruisme ni de la charité chrétienne. Je n'attends rien d'autre que la satisfaction que je ressens à apporter ma pierre. Ma famille est très religieuse. Ma mère va à l'église chaque dimanche, depuis toujours. Durant mon enfance, je l'ai accompagnée avec assiduité, je suis allée au catéchisme, j'ai fait ce qu'il fallait pour bien me conduire, comme on me l'enseignait. Alors, quand la maladie est arrivée, je me suis longtemps demandé pourquoi. Ce que j'avais fait. Le temps a passé, le destin s'est acharné.

J'ai continué à bien me conduire, j'ai conservé mes valeurs. Mais j'ai perdu la foi. Désormais, je ne crois plus qu'en ma bonne étoile.

Paris-Dakar

Véronique

Véronique, 55 ans, est passionnée de littérature. L'animation d'ateliers d'écriture littéraire et professionnelle occupe une grande place dans sa vie. C'est à Dakar qu'elle s'est installée et travaille depuis dix ans.

J'avais 17 ans quand je suis devenue diabétique. J'étais très contente, parce que je mangeais beaucoup de chocolat et que je maigrissais. Au bout d'un certain temps, cela m'a quand même un peu inquiétée. Mon oncle, qui était médecin, m'a dit que ce n'était rien, que j'étais simplement amoureuse. Chez nous, on ne se faisait soigner que par la famille… Une famille de médecins : mon grand-père l'était, ainsi que plusieurs oncles et tantes. Mais l'exercice a des limites.

Quelques mois plus tard, je ne pesais plus que quarante kilos, j'étais au bord du coma. J'ai consulté cet oncle généraliste et le verdict est tombé. Je me rappelle de cette annonce : « Tu es diabétique, de type 1,

mais ne t'inquiète pas, tu pourras quand même avoir des enfants. »
La procréation était de fait une préoccupation majeure de mon milieu
social, très catholique. Je suis issue d'une famille bourgeoise, borde-
laise, refermée sur elle-même.

Les traitements ont commencé, les piqûres d'insuline, que je
me faisais avec des seringues réutilisables, qu'il fallait faire bouillir,
les pastilles à mettre dans l'urine pour mesurer la glycémie. 1976,
c'était encore une époque héroïque pour le diabète ! Un peu plus
tard, j'ai consulté un endocrinologue, un autre oncle qui, lui aussi,
a tenté de me rassurer : « Ne t'inquiète pas, tu pourras manger du
chocolat... »

Le temps a passé et j'ai de moins en moins bien accepté mon
diabète et ses contraintes. À 21 ans, j'ai dû renoncer au sport, en
haute montagne, qui n'était plus compatible avec mon état. Quelques
années plus tard, j'ai arrêté de me piquer. Je voulais mourir, je n'en
pouvais plus... J'adore la vie, mais je ne voulais plus de cette vie-là.
Les piqûres, les hypoglycémies... J'avais 24 ans.

Et puis j'ai consulté à cette époque et pour la première fois un
diabétologue, qui m'a aidée. J'ai aussi rencontré des gens comme
moi, des femmes, jeunes, diabétiques, boulimiques. En effet, l'insuline donne faim, j'avais beaucoup de mal à lutter contre ces pulsions
boulimiques. J'ai entamé une psychanalyse qui m'a permis de mieux
les contrôler. J'ai fait plusieurs tranches d'analyse dans ma vie.
La seconde était au moment de la greffe...

Pendant toute cette période, j'ai refusé que le diabète ne s'inter-
pose entre moi et ce que je voulais. Tant qu'à se piquer trois ou

quatre fois par jour, autant faire des choses qu'on aime le reste du temps. J'aimais la littérature. J'ai fait hypokhâgne et khâgne et j'ai décidé de continuer avec une thèse de lettres modernes. J'ai travaillé sur Roland Barthes et sur les ateliers d'écriture, auxquels j'allais ensuite consacrer ma vie professionnelle. Ma mère me disait que je faisais un doctorat à 28 ans parce que je n'étais pas mariée! Une femme sans enfant, qui poursuivait ses études, c'était anormal. Mais pour moi, c'était une manière de montrer que je savais ce que je faisais. Et je me plaisais dans ces baskets académiques et universitaires. L'intellect est ce qui m'a aidé à survivre au diabète.

En 1989, j'ai 30 ans, un doctorat en poche, je quitte Bordeaux pour Paris. Je commence à travailler à mon compte, en animant des ateliers d'écriture littéraire. C'est toujours mon métier aujourd'hui. Plus qu'un travail, une passion. Quand j'anime, j'oublie tout le reste et en particulier la maladie... C'était déjà le cas à l'époque, sauf quand j'avais des hypoglycémies, qui me la rappelaient douloureusement. J'ai animé des ateliers pour tout type de publics, des écrivains, des SDF, des étudiants... J'ai rapidement très bien gagné ma vie, au prix d'une boulimie de travail : soixante-dix heures par semaine ou plus.

Ce n'est que quelques années plus tard, autour de 1994, que j'ai appris que le diabète avait abîmé mes reins. En 1996, je suis partie en mission en Guinée pour y mettre en place des ateliers d'écriture. Mon premier contact avec l'Afrique. Une révélation, un coup de foudre pour ce continent. J'y reviendrai. Au retour, l'état de mes reins s'était dégradé, j'ai été hospitalisée en néphrologie à Tenon. Cela a été un véritable cauchemar. J'ai décidé de changer d'hôpital et je suis arrivée à Bichat. Là on a commencé à parler transplantation et j'ai été orientée vers Saint-Louis, où j'ai rencontré Sophie Fornairon, une jeune chef de clinique qui s'occupait de la greffe rein-pancréas. Elle était très volontaire, dynamique, nous avons eu un excellent contact.

Elle considérait que la bonne solution pour moi était une double greffe rein-pancréas, qui me guérirait de l'insuffisance rénale, mais aussi du diabète. Inespéré. D'autant que les personnes qui ont besoin de deux organes sont prioritaires : leurs durées d'attente sont beaucoup plus courtes que pour un rein seul. Cette greffe, c'était donc une double promesse. Le bilan prégreffe m'a semblé très long, mais j'ai finalement été inscrite : l'attente a commencé.

J'ai fréquenté l'association des diabétiques pendant cette période, où je me suis fait des amis, qui me ressemblaient. Je me sentais faire partie de la communauté du diabète, pas du tout de celle des maladies rénales. Le diabète, ça a été pour moi dix-sept années de cauchemar. Seulement six mois pour la dialyse, que je n'ai pas pu éviter.

Ça a été atroce. La conjonction dialyse plus diabète est épouvantable. Seul l'espoir de la greffe me tenait debout. J'avais la conviction que je ne faisais que passer en dialyse, ce qui était vrai.

Je dialysais dans un centre du Nord de Paris. L'ambiance était terrible. Les malades se faisaient engueuler sans arrêt, pour tout et n'importe quoi. Je mourais de soif à cause du diabète, donc je buvais, plus que j'aurais dû, pour ne pas me taper la tête contre les murs. On me le reprochait, je prenais trop de poids entre deux séances. L'excès de liquide devait être éliminé par la dialyse. L'infirmière me disait en apportant mon plateau-repas : « Vous n'allez peut-être pas beaucoup manger, vu vos records de prise de poids… » Les néphrologues passaient leur temps à me décourager de la greffe. L'ambiance entre les malades eux-mêmes était déplorable. Certains fumaient en dialyse, personne ne leur disait rien. En raison de mon travail, je n'avais pas d'emploi du temps fixe, ça posait beaucoup de problèmes avec les horaires des séances. Je n'en pouvais plus. J'en ai parlé à Sophie Fornairon et elle m'a orientée vers un autre centre, dans le XVIIe arrondissement. Plus calme, plus serein. Ça s'est beaucoup mieux passé.

Et, heureusement, j'ai été greffée peu de temps après.

Je m'étais préparée à cette greffe. Je voulais la recevoir sereinement. J'ai pratiqué la sophrologie, qui permet d'anticiper la survenue d'un événement, de faire en sorte que vous soyez calme lorsqu'il survient. La psychanalyse m'a aussi beaucoup aidée. Accueillir les organes d'un autre, ce n'est pas rien. J'ai beaucoup réfléchi, beaucoup écrit là-dessus.

J'ai donc reçu le rein et le pancréas d'un jeune homme de 33 ans, mort d'une rupture d'anévrisme. Des organes parfaits : un peu plus gros que les miens, issus d'un donneur jeune, en bonne santé… Aujourd'hui, j'ai l'impression d'être une chimère et ça me plaît. C'est un peu comme si la part d'identité que le diabète m'a volée, la greffe me l'avait rendue. Je suis le résultat d'un échange génétique entre mon donneur et moi. Cette notion d'échange avec l'autre, de diversité, est très en phase avec mes convictions. L'altérité, les cultures différentes, tout cela me fascine, sans doute parce que c'est très opposé à mon histoire familiale, renfermée sur elle-même. La greffe m'a conféré un plus, je suis autre, différente, plus complète. Je me suis intéressée à ce sujet et j'ai découvert que le chimérisme[1] existait réellement dans les suites d'une greffe. Des cellules du donneur migrent et colonisent la moelle osseuse, notamment. Les tissus se mélangent. Tout cela me touche, la science qui alimente le mythe, le symbolique, le conte de fées. C'est un travail sur moi, que j'ai fait après la greffe. Je crois que l'intellectualiser à ce point, à un niveau qui me ressemble, c'est ce qui me permet de si bien la vivre.

La greffe m'a permis de dépasser le stade de la survie où le diabète et la dialyse m'avaient précipitée pour revenir dans la vie. Je ne suis pas une malade, la greffe n'est pas un traitement. Je suis une vivante qui prend des médicaments, comme beaucoup d'autres. Entre 40 et 50 ans, j'ai vécu une véritable résurrection. Plus de diabète, plus d'insuffisance rénale, une énergie que je n'avais pas connue depuis des années. Mes copines me disaient qu'elles étaient de plus en plus fatiguées, c'était l'inverse pour moi... Depuis ma cinquantaine, ça se tasse un peu. L'âge... Je m'oppose farouchement à l'idée qu'une personne greffée reste un malade en puissance.

Mon séjour en Guinée, en 1996, m'avait fascinée. Le temps a passé et j'ai acquis la conviction que si je ne vivais pas en Afrique je passerais à côté de quelque chose. Dix ans plus tard, en 2006, j'ai demandé à mon néphrologue s'il était possible que je parte m'y établir définitivement. Il a répondu positivement. J'ai choisi le Sénégal, le pays qui m'avait le plus touchée. Et Dakar, parce qu'il y a Internet, des hôpitaux,

---

1. Phénomène par lequel les cellules du donneur et celles du receveur cohabitent dans l'organisme de ce dernier, après une greffe. Un chimérisme important est parfois associé à une tolérance de la greffe.

de quoi me rassurer. Je vis près de la mer, j'ai une existence saine, je bois de l'eau, je mange des fruits, des légumes, du poisson grillé. J'ai appris le wolof, la langue locale. Je poursuis mon activité, j'anime des ateliers d'écriture, je donne des cours, en sciences de l'éducation, en psychopédagogie et aussi dans un master d'arts et culture.

Je travaille beaucoup moins qu'en France, où c'était excessif. J'ai moins d'argent mais j'ai du temps à moi. Parfois, je parviens même à ne rien faire, pendant quelques minutes.

J'ai la grande chance d'être suivie pour ma double greffe par un néphrologue qui sait écouter et qui sait que l'humain prime sur le malade. L'accompagnement pour bien vivre une greffe sur le long terme est essentiel. Le rôle de celui ou celle qui accompagne est déterminant.

Conclusion

Lorsque nous avons décidé de réaliser ce livre, notre objectif était de rappeler combien l'histoire était belle, mais aussi violente et fragile. Il nous semblait essentiel qu'elle ne soit pas oubliée et qu'elle puisse éclairer le présent et l'avenir.

C'est bien d'une épopée qu'il s'agit, d'une suite de moments épiques, extraordinaires ou tragiques, de victoires et de défaites, d'aventures humaines et de destins croisés, autour d'un but commun : vaincre la mort. Pour l'évoquer, nous avons souhaité donner la parole à ses protagonistes, ou plutôt à quelques-uns d'entre eux, héros ou anonymes, malades ou médecins, qui l'ont écrite et l'écrivent encore, dans l'ombre ou dans la lumière. Nos choix, arbitraires, ont été guidés par les rencontres et les circonstances. Beaucoup d'autres auraient pu, auraient dû avoir leur place dans ces pages.

Nous aimerions également transmettre à nos lecteurs un peu des émotions, souvent très intenses, que nous avons ressenties en écoutant celles et ceux qui ont accepté de nous parler, de se livrer, avec beaucoup de confiance. Restituer l'image vraie de ce que nous avons reçu, bien au-delà des faits relatés, lors de ces entretiens, est un objectif ambitieux que nous ne prétendons pas avoir atteint. Il a cependant été très lié au choix du titre de ce livre, hommage assumé à *D'autres vies que la mienne*, d'Emmanuel Carrère.

« D'autres reins que les miens », ce sont les reins malades ou en bonne santé, les reins artificiels, les reins donnés, reçus, partagés, greffés, évoqués depuis de multiples perspectives, celles des patients, des soignants, des bien portants. Ce sont ces organes vitaux, invisibles et méconnus, dont nous avons choisi de raconter l'histoire...

Il y a soixante ans, l'insuffisance rénale condamnait sans appel celles et ceux qu'elle frappait. La médecine était totalement impuissante. Dans l'incapacité de les soigner et d'adoucir leur agonie, souvent douloureuse. En quelques années, tout s'est joué. La dialyse et la greffe ont vu le jour, au départ bien imparfaites, puis de plus en plus efficaces. L'imagination, la détermination et l'engagement de quelques-uns ont permis d'éloigner le spectre de la mort. Beaucoup de ces étapes, franchies une à une, ont été le résultat de rencontres, d'alliances entre des médecins, des patients, des proches. Ensemble, ils ont refusé la fatalité et choisi la révolte. Ils n'ont pas hésité à emprunter des chemins souvent détournés. Les progrès sont nés de transgressions successives. Prendre un organe sur un mort ou sur un vivant en bonne santé pour le greffer à un malade, filtrer le sang dans une machine de manière itérative et sans limitation théorique de durée étaient autant d'actes difficilement concevables dans le contexte de l'époque. Ce qui nous semble aujourd'hui naturel, banal apparaissait comme autant de violations choquantes des frontières du corps humain ou de recours abusifs à la technique médicale.

Les efforts étaient jugés démesurés, les coûts déraisonnables, avec la menace de créer durablement des fardeaux financiers insupportables pour la société. Fallait-il franchir ces limites ? De nombreux débats ont eu lieu, à l'époque, autour de ces questions. Il fallait être visionnaire et audacieux pour assumer ces choix et s'engager résolument dans ces directions. Il fallait aussi, parfois, avoir l'humilité d'accepter de passer pour des fous. Quelques-uns ont eu ce courage.

Au-delà des vies sauvées, c'est la médecine dans son ensemble qui en a été transformée. Elle a bénéficié de ces avancées, qui ont fait faire des pas de géants aux connaissances scientifiques. L'émergence fulgurante de la néphrologie a rejailli et fertilisé bien au-delà de sa source.

Des millions de vies ont été et sont toujours sauvées par la dialyse à travers le monde, même si seuls les pays médicalement développés peuvent s'offrir le luxe de traiter durablement leurs malades. La société évolue, ses perceptions et ses choix aussi. Autrefois réservé au cercle familial immédiat (parents, frères et sœurs), le don du vivant s'est peu à peu débarrassé de beaucoup de ses entraves immunologiques et des frilosités éthiques. On peut désormais donner son rein à son conjoint, à son concubin, à un ami. La barrière du sang a aussi été franchie : la compatibilité sanguine n'est désormais plus nécessaire pour réaliser une greffe.

Ces avancées considérables ne doivent pas faire oublier la réalité de l'insuffisance rénale. Au XXIᵉ siècle, la guérison n'est toujours pas à portée de main. La maladie est et reste là. Elle est devenue chronique : une immense victoire, on l'a vu. Mais, pour ceux qui la vivent, ce n'est pas juste un mauvais moment à passer, ça ne s'arrêtera pas. Les existences sont prolongées mais elles restent marquées par le poids de l'incertitude, la dureté des traitements, leurs nombreuses conséquences. La chronicité et ses multiples facettes s'insinuent dans tous les replis du quotidien, érigent des murs dont beaucoup resteront infranchissables, dans la vie familiale, au travail, dans les projets, avec la très grande difficulté à s'assurer, à emprunter. Quelle place trouver dans une société où la compétition est la règle, qui demande toujours plus de performances, et reste si peu tolérante à l'égard de la vulnérabilité ? Être frappé du sceau de la maladie, d'autant plus lorsqu'on est «jeune», reste souvent une malédiction, un verdict à perpétuité. Même si cette éternité peut être toute relative, au regard de la diminution statistique de leur espérance de vie qu'implique leur état de santé... Pour les «plus âgés», qui ont eu le privilège de pouvoir construire leur existence à l'abri d'une bonne santé avant d'être frappés, cela reste la promesse d'une vieillesse marquée par la dureté et la dépendance aux traitements, au monde médical, par une diminution mesurée comme majeure de la qualité de vie.

La confiance, la proximité, l'alliance entre soignants et soignés ont souvent été au cœur des avancées obtenues. Elles donnaient la force aux patients de supporter les épreuves et l'envie aux médecins de tout faire pour les tirer de là et les soulager. L'émotion était un moteur, de part et d'autre, elle nourrissait de sens la révolte partagée.

Mais les choses changent. La médecine, devenue hypertechnique, codifiée, administrative, procédurière, se concentre désormais sur les données biologiques, les indicateurs à atteindre ou les gestes à accomplir. Les médecins ne soignent plus seulement des patients mais des populations.

Les patients, affligés d'une pathologie sans cesse menaçante, souvent en souffrance, souvent perdus dans un système de soins qui les broie, continuent à réclamer sans relâche écoute et soutien. Mais le manque de temps, les contraintes multiples, le poids des habitudes conduisent à la banalisation de leur situation et à l'oblitération de leur détresse. La certitude de pratiques médicales efficientes, «conformes aux recommandations», prend fréquemment le pas sur l'empathie et la qualité de la relation humaine.

Les malades du rein ont été peu habitués à se plaindre. Survivants, mais au prix fort, celui de techniques coûteuses, à la charge de la collectivité. Ils devraient être reconnaissants, s'estimer heureux. Et pourtant ils ne le sont pas, ou pas toujours, leurs mots et leurs maux le disent, toutes les enquêtes le confirment.

Comment pourraient-ils l'être ? À la merci d'une maladie, de traitements, d'un système qui s'est construit autour, pour eux, ils se voient tour à tour réduits à des objets de soins, à des organes déficients, à des éléments de cohortes statistiques ou même à du matériel de recherche. À la merci d'enjeux scientifiques et économiques considérables qui les dépassent et se substituent parfois à ce que devrait être une «bonne médecine», humaine et solidaire. Le constat est brutal. Il contraste durement avec l'élan humaniste de l'époque des pionniers.

Nos regards sur le passé nous incitent à ne pas nous contenter de ce qui a été acquis mais, au contraire, à continuer à progresser pour tenter de permettre aux patients de vivre mieux.

Peu de *très* grands progrès ont été réalisés, ces vingt dernières années, dans le domaine de la dialyse. Rien en tout cas qui ait modifié sensiblement ses contraintes ou amélioré sensiblement la qualité ou l'espérance de vie des malades. Pourtant les soulager de ce fardeau majeur, les libérer de cette prison sans barreaux, tout en faisant diminuer les coûts médicaux associés, aurait pu, aurait dû apparaître comme un impératif.

Comment expliquer ce déficit de grandes avancées ? Doit-on y lire un renoncement à l'innovation ou une perte du sens, du goût de la découverte ? Les choix, les stratégies de recherche doivent-ils être questionnés ? De mauvaises directions ont-elles été empruntées ?

On entend parler de projets de reins bioartificiels implantables, d'induction de tolérance, qui permettraient de se passer de traitement antirejet après la greffe, de greffons rénaux parfaitement compatibles reconstitués en laboratoire. Les perspectives sont nombreuses et tous les espoirs semblent permis. Mais qui porte ces avancées, ces recherches, ces découvertes ? Sont-elles réalistes ? S'agit-il de mirages ?

De telles ruptures médicales ou technologiques remettraient largement ou totalement en question l'organisation et même la conception des soins telle que nous la connaissons.

Sommes-nous capables de relever ce défi, d'assumer ces choix, de les revendiquer, comme nos aînés l'ont fait il y a un demi-siècle ?

Pour parvenir au terme de cette réflexion, on peut se souvenir que Jean Crosnier résumait parfois le traitement des maladies rénales en ces termes : « La dialyse permet de vivre, mais il vaut mieux un rein greffé que le rein artificiel ; l'idéal, de loin, reste de vivre avec ses reins à soi. »

Était-ce une utopie ou une vision prémonitoire simple ? Et si les maladies rénales étaient un jour guéries ? La dialyse et la greffe quitteraient progressivement la scène thérapeutique. Mois après mois, les causes des maladies rénales et leurs mécanismes de progression sont identifiés. La révolution médicale qui permettra de voir leur progression bloquée, ou même leur guérison, est en route, avec de grandes victoires à portée de main...

Ce serait bien sûr le plus grand progrès imaginable en néphrologie, depuis l'invention des traitements de substitution. Peut-être
faut-il pour cela accepter avec humilité la difficile posture des nains
juchés sur les épaules des géants du passé, celle qui confère le recul
et la vision lointaine permettant d'identifier les vrais besoins, les vrais
combats, les grandes urgences. Puissent les médecins et les patients
d'aujourd'hui et de demain renouer, ensemble, avec les convictions,
l'imagination créatrice et l'audace des pionniers, pour écrire un avenir
à la hauteur de ces espoirs.

Remerciements

À l'ensemble des témoins, patients et médecins qui nous ont accordé leur confiance et ont accepté de se prêter au jeu des interviews.

À Stéphane Lepoittevin, pour son rôle crucial dans la genèse de ce livre.

À Christian Baudelot, pour la préface, mais aussi pour son amitié, ses conseils et son soutien constant tout au long de la rédaction de ce livre.

Table

Crédits iconographiques

Cahier 1 :
p. I : © D. R. (ht g.) ; © *Paris-Match* ; p. II à IV : © Assistance Publique – Hôpitaux de Paris, Service des Archives, 3Fi4-Necker-3884 / 3Fi4-Necker-3662 / 3Fi4-Necker-0776.

Cahier 2 :
p. I à IV : © Jacques-Édouard Carrier de Boissy.

MIXTE
Papier issu de
sources responsables
FSC® C003309

Les papiers utilisés dans cet ouvrage
sont issus de forêts responsablement gérées.

Mis en pages par DV Arts Graphiques à La Rochelle
Imprimé en France par Sepec
Dépôt légal : janvier 2015
N° d'édition : 3522 – N° d'impression : 08271141201
ISBN 978-2-7491-3522-9